# ES EL PAPA
# EL SUCESOR
# DE SAN PEDRO?

MANUEL CORTES

ESTE  LIBRO FUE ESCRITO  POR :

MANUEL  CORTES

TEL :  ( 951 ) 660-7235

E- MAIL ;  CORTES19@ ATT. NET

REVISADO POR :

MIRIAM  SUSUNUAGA

E-MAIL :  MIRIAMSSNG@ HOTMAIL.COM

# ES EL PAPA EL SUCESOR DE SAN PEDRO?

MANUEL CORTES

Order this book online at www.trafford.com
or email orders@trafford.com

Most Trafford titles are also available at major online book retailers.

© Copyright 2011 Manuel Cortes.
Printed in the United States of America.

ISBN: 978-1-4269-6149-6 (sc)
ISBN: 978-1-4269-6150-2 (hc)
ISBN: 978-1-4269-6151-9 (e)

Library of Congress Control Number: 2011904289

*Trafford rev. 04/18/2011*

 www.trafford.com

**North America & international**
toll-free: 1 888 232 4444 (USA & Canada)
phone: 250 383 6864 ♦ fax: 812 355 4082

# DEDICATORIA

Dedico este libro a mis hijas EUNICE Y EVELYN, a quienes amo con todo mi corazón, y que han sido una bendición de Dios en mi vida; a LIRIA mi esposa, quien constantemente me animó y estimuló a terminar mi libro; y a ti, querido lector, que deseas saber más sobre la realidad de Pedro.

Manuel Cortés

# ÍNDICE

DEDICATORIA                                             V

INTRODUCCIÓN                                           XI

CAPITULO 1
LA VIDA DE SAN PEDRO                                    1
¿ quien fue san Pedro                                   1

CAPITULO 2
PEDRO NIEGA A JESÚS                                    13

CAPITULO 3
PEDRO DESPUÉS DE LA MUERTE DE JESÚS (Hechos 1)    18
El espíritu santo desciende sobre los apóstoles       19
Algunos atributos de Pedro                            19
Primer milagro de Pedro                               21
Milagro de Pedro al paralítico Eneas                  22
Milagro de Pedro a Tabita                             23

CAPITULO 4
LOS GENTILES SON ACEPTADOS POR DIOS                   25
Desacuerdo con Pedro por haber permitido entrar gentiles al
cristianismo                                          29
Milagros de Jesús después de su resurrección          30
Popularidad de Pedro y los demás apóstoles            30
Dudas sobre la autoría                                32

CAPITULO 5
COMENTARIO ACERCA DE LA PRIMERA
EPÍSTOLA DE SAN PEDRO                                 32

PRIMERA EPISTOLA DE SAN PEDRO
CAPITULO 1 (comentario)                                          34
Saludo                                                           34
PRIMERA EPÍSTOLA DE SAN PEDRO
CAPÍTULO 1 (comentario)                                          34
El testimonio de lo profetas                                     37
Exhortación a una vida santa                                     39

CAPITULO 6
CAPÍTULO 2 DE PRIMERA EPÍSTOLA
DE SAN PEDRO (comentario)                                        44
Cristo piedra principal de la edificación espiritual             46
Deberes de los creyentes El cristiano y los incrédulos           50
El cristiano y el Estado                                         52
El siervo y su amo                                               54
Cristo es nuestro ejemplo                                        56

CAPITULO 7
PRIMERA EPISTOLA DE SAN
PEDRO CAPITULO 3 (comentario)                                    59
Marido y mujer                                                   59
Un repaso a la conducta cristiana                                62
Exhortación a cumplir el deber                                   68

CAPITULO 8
PRIMERA EPISTOLA DE SAN PEDRO CAPITULO 4
(comentario)                                                     68
CONSTANCIA EN LA TRIBULACION Exhortación a
mantenerse firme                                                 74
Exhortación a la finalidad                                       78

CAPITULO 9
PRIMERA EPÍSTOLA DE PEDRO,
CAPÍTULO 5 (comentario)                                          78

CAPITULO 10
SEGUNDA EPÍSTOLA DE SAN PEDRO,
CAPÍTULO 1 (comentario) 84
Ela autentico saber El desarrollo del conocimiento verdadero 85
Bases para el verdadero conocimiento 88
Los falsos maestros Las incursiones del error 94

CAPITULO 11
SEGUNDA EPISTOLA DEL APOSTOL PEDRO
CAPITULO 2 (comentario) 94
El castigo del error 96
Carácter y conducta de los engañadores 98
Consecuencias perniciosas del engano 101
La promesa de su venida 104

CAPITULO 12
SEGUNDA EPÍSTOLA DEL APÓSTOL PEDRO,
CAPÍTULO 3 (comentario) 104
El momento y las circustancias 107
Exhortación Final 109

CAPITULO 13
DESACUERDO POR LA CIRCUNCISIÓN 111
Pedro y la circuncisión 112
Desacuerdo entre Pedro y Pablo 113
Credibilidad de los acontecimientos 113
Posible viaje de Pedro a Roma 114

CAPITULO 14
MUERTE DE PEDRO 118
Seguidores de cristo son llamados cristianos 122
Distanciamiento entre Judios y Judeocristianos 124
¿Quien fue Constantino? 130

CAPITULO 15
CONSTANTINO 130
Cambio del dia Sábado por el dia Domingo 133
Constantino proclama el dia 25 de
Diciembre como el nacimiento de Jesús 136
Influencia De Constantino En La Iglesia 137
Constantino planea fundar Constantinopla 139

CAPITULO 16
EL PAPADO 142
¿Fue san Pedro el sucesor de Jesús? 144
¿ Es el papa el sucesor de san Pedro? 145
Orígenes del papado 147
Títulos del papa 148
El celibato 150
El matrimonio 150

CAPITULO 17
El sacerdocio 151
Sacerdocio de Aarón 152
¿Quien fue Aarón? 152
Eleazar 153
Matrimonio de Eleazar 153
Dios de designa sacerdotes a los Levitas 153
Requisitos para los Levitas para ser sacerdotes 154
Ordenación de los Levitas 154
Matrimonio de los grandes hombres
que estuvieron muy cerca de Dios 158
Recomendaciones del apóstol Pablo para
los aspirantes a obispos 160
Enseñanzas de Jesús sobre el matrimonio 160
Recomendaciones del apóstol Pedro para los casados 160

# INTRODUCCIÓN

Desde muy niño escuché decir que el Papa es el sucesor de Pedro, lo cual era para mí una realidad, creencia con la que crecí. Sin embargo un día decidí investigar por mi propia cuenta y conseguir todos los argumentos necesarios para demostrar con veracidad si el papa es el sucesor de san Pedro o no.

Después de finalizar mi investigación pensé que no era bueno guardar para mí esta verdad, sino compartirla con todos aquéllos que desearan saber más sobre este tema, por lo tanto decidí escribir *¿Es el Papa el sucesor de san Pedro?* En este libro el lector encontrará los hechos relacionados con la vida del apóstol Pedro desde que fue llamado por Jesús a servir en su ministerio, durante el mismo, después de la muerte del Salvador y su propia muerte.

El lector encontrará vivencias muy interesante de Pedro desde que decidió aceptar el llamado de Jesús para formar parte de su ministerio y su servicio junto a los once apóstoles que acompañaron al Maestro hasta su muerte.

Pedro se hallaba pescando cuando fue llamado por Jesús. Y aun conociendo las carencias que aquél poseía, Jesús lo invitó a participar en su ministerio, convirtiéndolo en pescador de hombre y, por último, en una roca para su ministerio.

Sin lugar a dudas Pedro fue una figura indiscutible en la fundación del cristianismo y nosotros actualmente así lo reconocemos.

Pedro vivió experiencias muy interesantes en el ministerio de su Maestro: su intento por andar sobre el agua o el ser testigo de la transfiguración de Jesús. Pero también pasó momentos muy amargos: Jesús lo reprendió cuando Pedro le dijo que no debía hablar de morir, o el hecho de negar al Salvador después que le había prometido que nunca lo haría. Después llego la recompensa para Pedro y los demás apóstoles, cuando recibieron el poder del Espíritu Santo prometido por Jesús, el cual su Padre les enviaría.

El Espíritu Santo hizo maravillas en Pedro y el resto de los apóstoles. Él realizó infinidad de milagros, y fue tanta su fama que le traían enfermos de todas partes y los colocaban en las calles por donde Pedro pasaría para que, al menos, su sombra los tocase y fueran sanados.

En el año 64 Pedro escribió su primera carta dirigida a los judeocristianos de Ponto, Galicia, Capadocia, Asia y Betania; está escrita en griego y con un lenguaje literario. Razón por la que se han suscitado discusiones sobre su autoría. Sea lo que fuere la Primera carta de Pedro contiene frases muy bellas que debieron ser inspiradas por el Espíritu Santo. Y ud. Encontrara un comentario de cada versículo de esta maravillosa carta

Pedro escribió una segunda carta que no está dirigida a un destinatario especial. Es universal y contiene aspectos muy espirituales y, lo mismo que la primera, es comentada en este libro versículo por versículo.

En esta obra también se habla de la manera en que los gentiles llegaron a ser parte del reino de Dios; se discute si Pedro por haber sido llamado por Jesús y haber estado tan cerca de él fue célibe; y además algo muy interesante que muchos no conocen o no saben a ciencia cierta, el origen del papado.

Manuel Cortés

# CAPÍTULO 1

## LA VIDA DE SAN PEDRO

### ¿QUIÉN FUE SAN PEDRO?

Desde hace algún tiempo he estado recopilando mucha información acerca de Pedro, con el fin de que el lector de este libro pueda deducir por su propia cuenta quién era Pedro antes de conocer a Jesús, durante su ministerio con Jesús, después de la muerte de éste y hasta su propia muerte.

**Nombre original de Pedro**. Simón era el nombre original de Pedro, asimismo fue el nombre de un patriarca hebreo. Es el nombre más común entre los judíos palestinos. Simón en el idioma griego y en el hebreo es equivalente a Simeón.

**El nuevo nombre de Simón**. Jesús le dio un nuevo nombre a Simón: *Pedro*, que en arameo es Cephas o Kephas, y en lengua griega Petra, que quiere decir piedra o roca. Este nombre es el que usaría en la nueva posición que ocuparía dentro del círculo del cristianismo.

Aquí cabe realizar una comparación de las veces que estos nombres se mencionan en el Nuevo Testamento: Pedro es el que aparece con mayor frecuencia, en cambio Kephas solo seis veces.

**Fecha de nacimiento de Pedro.** No se conoce la fecha del nacimiento de Pedro debido a que ni el Nuevo Testamento ni biógrafos ni historiadores proporcionan dato alguno relacionado con esto.

**Familia de Pedro.** Conocemos solamente el nombre de su padre, quien fue un judío llamado Jonás, según nos narra Mateo 16: 17: *"Entonces Jesús le dijo: Bienaventurado eres, Simón hijo de Jonás, porque no te lo reveló carne ni sangre, mas mi Padre que está en los cielos"*. También podemos encontrar este suceso en Juan 21: 15-17.

Sabemos que Pedro tuvo al menos un hermano, Andrés, según lo expresa Juan 1: 40-4: "Era Andrés, hermano de Simón Pedro, uno de los dos que habían oído   de Juan el Bautista.En aquellos días vino Juan el Bautista, predicando en el desierto de Judea. Y diciendo; arrepentíos que el reino; de los cielos se ha acercado".

**Residencia de Pedro.** Pedro nació y vivió en Betsaida, ciudad localizada a tres kilómetros de la desembocadura del río Jordán al norte del mar de Galilea. Esta era una región rica en pesca y agricultura. Betsaida significa "casa de productos verdes y pescadores.1 Debido a que la mayoría de las personas de esta región eran sencillas y con limitados recursos económicos, se dedicaban a la agricultura y a la pesca.

Felipe, otro de los doce de los discípulos de Jesús, también era de Betsaida, la ciudad de Andrés y Pedro (Juan 1: 44).

Algunos de los milagros de Jesús durante su ministerio fueron realizados en esta región: dio de comer a más de cinco mil personas con solo cinco panes y dos peces; comieron todos y quedaron satisfechos y todavía recogieron de los pedazos de pan y peces, doce cestas (Marcos: 6: 33-44). Después de alimentar a los cinco mil, Jesús caminó sobre el agua (Marcos 6:45–52).

**Educación.** Pedro, probablemente, tuvo una educación elemental. Hechos de los Apóstoles 2:7-8 nos da un idea sobre esto cuando nos dice: *"Estaban atónitos y maravillados diciendo: ¿He aquí no son Galileos todos estos que hablan? ¿Cómo, pues, los oímos nosotros hablar, cada uno en nuestra lengua en que somos nacidos?*

Lo que esto nos da a entender es que ellos no tenían una alta educación para que supieran hablar otros idiomas. Y por su comportamiento se podía apreciar que Pedro no había tenido ninguna educación rabínica.

**Ocupación.** La mayoría de las personas de esta región se dedicaban a la agricultura y la pesca. Pedro y su hermano Andrés estaban pescando cuando fueron llamados por Jesús para que lo siguieran e ingresaran a su ministerio (Marcos 1:16).

**Estado civil.** Sabemos que Pedro era casado; no sabemos si tuvo hijos, los narradores del evangelio y hechos de los apóstoles proveen muy poca información concerniente a las familias de los discípulos y apóstoles de Jesús.

Sabemos que Pedro era casado según lo narra Mateo: *"Y vino Jesús a casa de Pedro y encontró a la suegra de Pedro acostada en la cama, con una fiebre muy alta, entonces Jesús toco la mano de ella y la fiebre desapareciole enseguida y luego ella comenzó a atender a Jesús y a los que habían venido con él"* (Mateo 8:14, 15).

La casa de la suegra de Pedro se encontraba localizada en Capernaúm, ciudad situada al noroeste del mar de Galilea, justo al occidente de la desembocadura del río Jordán.

Después de más de cien años de excavaciones se han encontrado vestigios muy importantes, como el lugar donde se encontraba localizada exactamente la ciudad de Capernaúm, y especialmente donde se encontraba la casa de la suegra de Pedro y las paredes de la sinagoga de Capernaúm del siglo cuarto, que más tarde en este mismo siglo fue convertida en una iglesia de forma octagonal, conocida como la casa de San Pedro, a la que los peregrinos llamaban la casa del príncipe de los apóstoles. 2

**Situación económica de Pedro.** La mayoría de los discípulos de Jesús provenían de un estrato económico medio o bajo, por lo tanto la situación económica no les era muy favorable. Pedro se contaba dentro de este grupo. Provenía de una familia humilde, según lo narran la mayoría de historiadores.

**Llamamiento de Pedro por Jesús.** Pedro y Andrés, su hermano, fueron los dos primeros apóstoles que Jesús llamó para formar el grupo de los doce discípulos que lo acompañarían hasta su muerte, según lo declara Marcos 1:14-18: *"Mas después que Juan el Bautista fue encarcelado, Jesús vino a Galilea predicando el evangelio del reino de Dios, diciendo: El tiempo es cumplido y el reino de Dios está cerca: arrepentíos y creed al evangelio. Y pasando junto a la mar de Galilea, vio a Simón y Andrés su hermano, que echaban la red en la mar; porque eran pescadores. Y les dijo Jesús venid en pos de mí, y haré que seáis pescadores de hombres. Y luego ellos dejaron sus redes y siguieron a Jesús".*

**Religión de Pedro.** Tanto Jesús como Pedro y el resto de los apóstoles habían nacido en hogares judíos y desde niños habían sido formados y adiestrados en estas creencias, dentro de familias muy fieles y piadosas. Varios versículos del Nuevo Testamento lo demuestran:

Acerca de Jesús, Lucas 2: 25-30 afirma: *"Y he aquí había un hombre en Jerusalén, llamado Simeón, y este hombre era justo y pío, y esperaba la consolación de Israel: y el Espíritu Santo era sobre él. Y había recibido respuesta del Espíritu Santo, que no vería la muerte hasta que hubiese visto al Ungido del Señor. Y Simeón vino por insinuación del Espíritu Santo al templo, cuando José y María entraban al niño Jesús al templo, para hacer con el conforme a la costumbre de la Ley Judía, entonces Simeón tomó al niño en sus brazos y bendijo a Dios".*

Lucas 2: 41-50 relata que cuando Jesús tenía doce años fue con sus padres a Jerusalén a celebrar la fiesta de la Pascua, viaje que efectuaban cada año. Después de terminados los días de la fiesta, los padres de Jesús regresaron a Nazaret, pero éste se quedó en Jerusalén sin que aquéllos se dieran cuenta. Ellos pensaban que el niño venía con los demás en el grupo. Y cuando habían caminado un día se dieron cuenta que no era así, y comenzaron a buscarlo entre sus familiares y amigos; Al no encontrarlo resolvieron regresar a Jerusalén. Después de tres días lo hallaron en el templo, donde discutía con los doctores de la ley. *"Y todos los que lo oían se pasmaban de su entendimiento y de sus respuestas. Y cuando lo vieron se maravillaron; y díjole su madre:*

*Hijo, ¿por qué nos has hecho esto? He aquí tu padre y yo te hemos buscado con dolor. Entonces él les dice: ¿Qué hay? ¿Por qué me buscabais? ¿No sabías que en los negocios de mi padre me conviene estar? Mas ellos no entendieron las palabras que él les habló"* (Lucas 2: 47-50).

En el capítulo 14, Marcos describe la ocasión en que Jesús y sus discípulos celebraron el día de la Pascua, fiesta muy grande y tradicional del pueblo Judío no sólo en esa época, sino también actualmente.

Jesús y sus doce discípulos caminaban por todas las ciudades y aldeas, predicando y anunciando el evangelio del reino de Dios. Tanto Pedro como el resto de los apóstoles fueron una pieza muy importante en el ministerio de Jesús y así lo confirma Lucas 8:1.

Pedro fue y es una de las figuras centrales y destacadas dentro de la religión cristiana pues es un factor determinante de la religión. El cardenal Henry Newman declaró alguna vez que no todo el mundo acepta los hechos relacionados con Dios, porque a veces es imposible probarlos con exactitud, como las Matemáticas que pueden comprobarse con toda exactitud y certeza; en cambio en religión debemos demostrarlo con acumulación de probabilidades. Y en el caso de Pedro las probabilidades existen en abundancia

**Importancia de Pedro dentro del cristianismo.** El Nuevo Testamento nos da una imagen de Pedro asociada con la de un pescador, un pastor de ovejas, un misionero, un mártir, un confeso de una verdadera fe, un pecador arrepentido y una fuente de revelaciones.

Su función en realidad fue muy especial y muy importante en el ministerio de Jesús. Y después de la muerte de Jesús se convirtió en un líder dentro del cristianismo. Pedro es mencionado en los libros del Nuevo Testamento cerca de doscientas veces y con mayor frecuencia que los otros apóstoles juntos.

A Pedro se le acredita un gran significado en la fundación del cristianismo, lo cual muchos actualmente reconocemos. Dejó escritas dos cartas: *Primera epístola universal de San Pedro y Segunda epístola universal de San Pedro*

Invito al lector a aceptar el desafío de intentar descubrir las verdades acerca de Pedro y su histórica existencia.

El Nuevo Testamento no da mucha información en cuanto a los milagros que Pedro y los demás apóstoles realizaron cuando estaban con Jesús, pero la que se posee es más que suficiente para demostrarnos claramente que Jesús les dio poder para sacar demonios, sanar enfermos, resucitar muertos y realizar toda clase de milagros y, desde luego, predicar el evangelio.

Jesús los envió a predicar el evangelio en parejas por todas partes y así lo hicieron. "Entonces Jesús llamando a sus doce discípulos, les dio potestad contra los espíritus inmundos, para que los echasen fuera, y sanasen toda enfermedad y toda dolencia. Los nombres de los doce apóstoles son estos: el primero Simón que es llamado también Pedro, y Andrés su hermano, Jacobo hijo de Zebedeo, y Juan su hermano, Felipe y Bartolomé; Tomas y Mateo el publicano; Jacobo hijo de Alfeo, y Lebeo que tenía por sobrenombre Tadeo; Simón el cananista, y Judas Iscariote, que también lo entregó". (San Mateo 10: 1-4).

Marcos añade: "Y llamó a los doce y los envió de dos en dos; y les dio potestad sobre los espíritus inmundos. Y les mandó que no llevasen nada para el camino; sino solamente báculo; ni alforja, ni pan, ni dinero en la bolsa. Y saliendo ellos predicaban que los hombres se arrepintiesen. Y echaban fuera muchos demonios y ungían con aceite a muchos enfermos y los sanaban" (Marcos 6:7-8, 12-13).

**Jesús invita a Pedro a andar sobre el agua.** Mateo 14 narra un suceso importante en la vida de Pedro, cuando Jesús se les apareció caminando sobre el agua y los discípulos tuvieron temor pues creyeron que era un fantasma. Pero él les habló y Pedro le pidió: *"Señor, si eres tú, manda que yo vaya hacia ti sobre el agua"* (Mateo 14:28), y Jesús invitó a Pedro a ir hacia él. Y Pedro comenzó a caminar sobre el agua hacia Jesús, y cuando se dio cuenta que estaba caminando sobre el agua se asustó y comenzó a hundirse, entonces pidió ayuda a Jesús, quien le extendió la mano y le dijo: *"¡Hombre de poca fe! ¿por qué dudaste?"* (Mateo 14:31).

Pedro había andado con Jesús y había participado y visto los milagros y maravillas que Jesús había hecho, pero en ese momento, cuando más necesitaba tener fe, le faltó porque no pensó en el poder que Jesús tenía para hacerlo caminar sobre el agua, sino en su propia capacidad. Y al darse cuenta que no tenía poder para andar sobre el agua, tuvo miedo, se puso nervioso y comenzó a hundirse. Si hubiera puesto sus ojos y su confianza en Jesús no le hubiera sucedido esto. Y ¿por qué le pasó esto a Pedro? Porque era sólo un ser humano.

**Los primeros apóstoles llamados por Jesús.** Pedro y Andrés fueron los primeros dos hombres llamados por Jesús para ser sus apóstoles. Según lo narra el evangelista Mateo: "Y andando Jesús junto a la mar de Galilea, vio a dos hermanos, Simón que es llamado Pedro y a Andrés su hermano, que echaban la red en la mar: porque eran pescadores. Y díceles Jesús: Venid en pos de mi, y os hare pescadores de hombres. Y ellos entonces dejando las redes lo siguieron.

Y pasando de alli vio a otros dos hermanos, Jacobo hijo de Zebedeo, y Juan su hermano, en el barco con Zebedeo, su padre que remendaban sus redes; y los llamó y ellos dejando el barco y a su padre siguieron a Jesús" (Mateo 4:18–22).

**Confesión de Pedro.** Mateo nos narra una experiencia más en la vida de Pedro: *"Viniendo Jesús a las partes de Cesarea de Filipo preguntó a sus discípulos diciendo: ¿Quién dicen los hombres que es el Hijo del hombre? Y ellos dijeron: unos dicen que Juan el Bautista; otros, Elías; y otros, Jeremías, o alguno de los profetas. Y les dice Jesús: Y vosotros ¿quién decís que soy? Respondiendo Simón Pedro, dijo: Tú eres el Cristo, el Hijo del Dios viviente. Entonces respondiendo Jesús le dijo: bienaventurado eres, Simón hijo de Jonás; porque no te lo reveló carne ni sangre, mas mi Padre que está en los cielos. Yo también te digo que tú eres Pedro y sobre esta piedra edificaré mi iglesia: y las puertas del infierno no prevalecerán contra ella. Y a ti daré las llaves del reino de los cielos; y todo lo que ligares en la tierra será ligado en los cielos: y* *todo lo que desatares en la tierra será desatado en los cielos. Entonces mandó a sus discípulos que no dijesen que él era Jesús el Cristo"* (Mateo 16: 13–20).

Sobre este pasaje existe controversia. Muchos investigadores bíblicos afirman que cuando Jesús declaró *"y sobre esta piedra edificaré mi iglesia"*, no se refería a Pedro sino a una piedra o roca que estaba cerca de él, de lo contrario hubiera dicho *"y sobre ti edificaré mi iglesia"*, lo cual hubiera sido más correcto.

Otros suponen que Jesús en realidad se refería a Pedro, puesto que su nombre significa piedra o roca, en arameo. La iglesia católica ha hecho de este pasaje un punto de referencia para justificar su supremacía sobre la fundación de la iglesia pero, como veremos más adelante, ellos también están equivocados.

Una interpretación distinta se refiere a que Jesús indicó a Pedro que él sería un eslabón o una piedra dentro de la fundación de la nueva iglesia, porque en esa época las grandes construcciones se hacían con piedra. Un argumento con mucha validez.

Unos más dicen que Jesús no se refería a la construcción de una nueva iglesia, porque Jesús, sus apósteles y sus seguidores eran cien por ciento judíos y la iglesia judía existía prácticamente desde Abrahán, cerca de dos mil años antes de Cristo, Pero lo que Jesús quiso decir fue: que la revelación hecha a Pedro provenía de Dios Padre, y sobre ella, es decir, apoyado en esa revelación edificaría su nueva iglesia, porque el fundamento y la Piedra Angular de la iglesia es Cristo, quien es el único puente que une al ser humano con Dios. Y ésta para mí es la versión más realista de este versículo.

Las palabras de Jesús, *"bienaventurado eres, Simón hijo de Jonás, porque no te lo reveló carne ni sangre, mas mi Padre que está en los cielos,* explicaban a Pedro que el Espíritu Santo fue quien había puesto ese pensamiento en su mente para confirmar que Jesús es el Cristo.

**La Transfiguración** fue otro hecho importante en la vida de Pedro. Jesús escogió a sus tres apóstoles más cercanos para subir con él a la cima de la montaña y fueran testigos de la Transfiguración.

*"Y aconteció como ocho días después de estas palabras, que Jesús tomó a Pedro, a Juan y a Jacobo, para subir al monte a orar. Y entre tanto que oraba, la apariencia de su rostro se hizo otra, y su vestido blanco se hizo resplandeciente y he aquí dos varones que hablaban con él, los cuales eran Moisés y Elías, que aparecieron en majestad y hablaban de su salida, la cual debía de cumplirse en Jerusalén. Y Pedro y los que estaban con él tenían mucho sueño pero, permaneciendo despiertos, vieron su majestad y a aquellos dos varones que estaban con él. Y aconteció que apartándose ellos Pedro dice a Jesús: Maestro, bien es que nos quedemos aquí y hagamos tres pabellones, uno para ti, uno para Moisés, y uno para Elías; no sabiendo Pedro lo que decía. Y estando Pedro hablando esto, vino una nube que los cubrió a los tres, a Jesús, a Moisés y a Elías, y los apóstoles tuvieron temor, y entrando Jesús, Moisés y Elías en la nube se oyó una voz que salía de la nube que decía: Éste es mi Hijo amado, a él oíd. Y pasada aquella voz, Jesús fue hallado solo, y los apóstoles callaron y por aquellos días no dijeron nada a nadie de lo que habían visto"* (Lucas 9:28-36).

En el milagro de la Transfiguración, Pedro se muestra como una persona de pensamiento ágil y expresa solícitamente lo que piensa a Jesús: *"Maestro, bien es que nos quedemos aquí y hagamos tres pabellones, uno para ti, uno para Moisés, y uno para Elías"*.

**Jesús habla de su muerte.** Este es otro capítulo de la vida de Pedro durante su ministerio con Jesús. *"Desde entonces comenzó Jesús a declarar a sus discípulos, que le convenía ir a Jerusalén y padecer mucho de los ancianos, y de los príncipes de los sacerdotes y de los escribas; y ser muerto y resucitar al tercer día. Y Pedro tomando a Jesús y apartándose del grupo, comenzó a reprenderle diciéndole: Señor, ten compasión de ti, de ninguna manera esto te acontezca. Entonces Jesús le dijo esto a Pedro: ¡Quítate de delante de mi Satanás!; porque me eres escándalo; porque no entiendes lo que es de Dios, sino lo que es de los hombres"* (Mateo 16:21-23).

Cuando Pedro oyó decir a Jesús de su muerte, se sorprendió mucho y su respuesta inmediata fue pedirle a Jesús que no permitiera que le pasase nada de eso. Mas la respuesta del Maestro fue aun más sorprendente e inquietante al dirigirse a Pedro llamándolo Satanás, término demasiado duro por parte de Jesús para uno de sus discípulos más queridos y apreciados. Porque Satanás, era su enemigo número uno, y había sido el directo incitador, tentando a Jesús para evitar que su misión se cumpliera.

Jesús usó este fuerte lenguaje contra Pedro porque se dio cuenta enseguida que el que estaba diciendo esto no era Pedro sino Satanás. En realidad no era a Pedro a quien había dado esa respuesta tan fuerte, sino directamente a Satanás, que en ese momento había hablado por Pedro.

Jesús se había opuesto totalmente a que sus discípulos dijeran que él había venido a esta tierra como el Mesías, porque conocía el pensamiento, la creencia y la esperanza del pueblo judío y de sus apóstoles, quienes esperaban a un Mesías que los liberaría de la opresión del Imperio Romano. De tal manera que ellos no esperaban a un Mesías que anunciara sus propios sufrimientos y muerte, sino que su esperanza estaba en uno con un gran poder militar para palear contra el Imperio Romano, derrotarlo y así librarlos de dicha opresión.

Jesús sabía que si el pueblo se daba cuenta que en realidad él era el Mesías, hubieran intentado coronarlo rey como algunos pensaron hacerlo, y guiarlos en la batalla contra el Imperio Romano. Pero Jesús no deseaba crear falsas ilusiones entre el pueblo pues no era la clase de Mesías que ellos estaban esperando. Así les evitaría experimentar una gran frustración ya que muchos comenzaban a vivirla cuando Jesús hacía muchos milagros, pero no hablaba ni prometía absolutamente nada en relación con la liberación de Israel del Imperio Romano.

Los dirigentes Judíos no podían concebir que en realidad él fuera el Mesías enviado por Dios porque ellos no esperaban un Mesías como el que estaban viendo y oyendo. Y los apóstoles, aunque habían colaborado con Jesús en su ministerio y visto todos los milagros y maravillabas que él hacía, no eran ajenos a la idea y esperanza del pueblo judío.

De ningún modo debemos considerar como pensamiento o idea descabellada las creencias del pueblo Judío, porque ellos guardaban la esperanza de que Dios les enviaría un segundo Moisés, llamado Mesías, el cual los liberaría de esa opresión.

Creían firmemente y pensaban que si Dios ya lo había hecho una vez, cuando envió a Moisés para liberarlos de la esclavitud de Egipto, con mayor razón nuevamente les enviaría un segundo Moisés, el Mesías. El pueblo Judío sabía que Dios les enviaría un Mesías porque ellos eran estudiosos de las Escrituras—en esa época era solo el Antiguo Testamento—, pero no podían imaginar la forma en que iba a venir ese Mesías: humilde, curando endemoniados, sanando enfermos y resucitando muertos, sin hablar palabra sobre la liberación de su pueblo.

Ellos no habían podido comprender ni entender exactamente las Escrituras en cuanto a la forma en que vendría el Mesías. Dios el Padre envió al Mesías como él lo había dicho muchos años antes por medio de los profetas, lo cual no pudo entender el pueblo judío, especialmente sus dirigentes.

**Pedro como líder.** En los cuatro relatos del evangelio, Pedro se destaca como un líder entre los apóstoles, pero también se percibe que él, y posiblemente también sus compañeros, no comprendía que Jesús habría de morir. Pero las Escrituras lo señalaban así, y Jesús, ante sus discípulos y mucha gente que lo escuchaba, lo había declarado: "Escudriñad las escrituras porque en ellas tenéis la vida eterna y ellas son las que dan testimonio de mí".

Otra razón de peso para que Pedro y los discípulos creyeran lo que Jesús les declaró era lo que éste había predicho de sí mismo, porque él mismo Señor lo había afirmado. Pedro no debió haber dudado de Jesús. Situación que Satanás aprovechó para usar a Pedro como instrumento y poner aquellas palabras en su boca.

*Manuel Cortes*

# Bibliografía:

La Santa Biblia, Antiguo y Nuevo Eestamento, revisión de 1960 Antigua versión de Casiodoro de Reina. 1569

1) David Noel Freedman, *Dictionary of the Bible.* Editorial: David Noel Freedman, Editor in chief. Wm. B. Eermans Publishing Co. Grand Rapids, Michigan U. S. A. Edition 2000. Pag. 174.

2) Ibid, Pag. 220 y 221

3) Michael Grant. *Saint Peter.* Editoroial Scribner, New York, 10020 U.S.A. First Edition 1995. Chapter 1, *The problems of the research*, pág. 3

# CAPÍTULO 2

## PEDRO NIEGA A JESÚS

Este es el último episodio vivido por Pedro durante el ministerio de Jesús, el cual fue muy triste. Sucedió cuando tomaron a Jesús preso. Él ya había advertido a sus discípulos que sería lacerado, bofeteado y escupido, y luego crucificado, mas los apóstoles no habían podido entender exactamente lo que Jesús les decía, o posiblemente no podían creer que Jesús, quien movilizaba miles de personas para oírlo, llegase a sufrir todo esto.

Los profetas del Antiguo Testamento lo habían predicho: "Mas él herido fue por nuestras rebeliones, molido por nuestros pecados, el castigo de nuestra paz fue sobre él; y por sus llagas fuimos nosotros curados" (Isaías 5:3-5).

Jesús les advirtió que todos serían escandalizados en él esa noche: "Porque escrito está: Heriré al pastor y serán dispersadas las ovejas, más después que haya resucitado iré delante de vosotros a Galilea. Entonces Pedro le dice: aunque todos sean escandalizados mas no yo. Y le dice Jesús: de cierto te digo que tú hoy, en esta noche, antes de que el gallo haya cantado me negarás tres veces. Mas Pedro con mayor porfía decía: Si me fuere menester morir contigo moriré pero no te negaré, y también los demás discípulos decían lo mismo. Y vinieron al lugar que se llama Getsemaní, y dice Jesús a sus discípulos: Sentaos aquí mientras tanto yo voy a orar. Y tomó consigo a Pedro, a Jacobo y Juan" (Marcos 14:27–33).

Jesús no solamente estaba angustiado, sino también muy triste porque lo que iba a suceder esa noche. En esas horas de angustia acudió a su Padre, se postró de rodillas y, reconociendo que para él todas las cosas eran posibles, le pidió en oración que si fuera posible le evitara ese momento de angustia y tristeza. Mientras él oraba, los tres discípulos que lo acompañaban dormían.

Jesús oró y regresó a ver a sus discípulos, a quienes halló dormidos profundamente. Se retiró a orar otra vez y volvió a donde ellos, y aún seguían durmiendo. Regresó la tercera vez de orar, y mientras despertaba a los tres discípulos, apareció Judas con mucha gente armada con palos y espadas y tomaron preso a Jesús. Los tres apóstoles, que ya habían despertado, se sorprendieron mucho cuando vieron lo que estaba pasando pues no lo esperaban, ni pensaban que eso pudiera suceder, y mucho menos que uno de sus compañeros fuera a traicionar a Jesús. Veían y les parecía increíble lo que ante sus ojos sucedía.

Pedro, sin pensar dos veces lo que le vino a su mente, sacó su espada y cortó la oreja a Malco, uno de los ayudantes del sumo sacerdote. Jesús le dijo a Pedro que tomara su espada y la metiera en su funda, entonces tomo la oreja del ayudante del sumo sacerdote y la acomodo en su lugar.

Después de que el Señor fue llevado preso, los apóstoles se dispersaron tal y como lo había anunciado él antes. Sólo Pedro lo siguió desde lejos, hasta adentro del patio de la casa del sumo sacerdote y se reunió con los servidores de éste, y se calentaba al fuego igual que ellos porque la noche era fría. Mientras tanto en la casa estaban reunidos con el sumo sacerdote, los príncipes de los sacerdotes, los escribas y los ancianos, y buscaban un testimonio para poder sentenciar a Jesús a la pena de muerte.

Una de las criadas del sumo sacerdote reconoció a Pedro, quien aún estaba en el patio calentándose ante el fuego con los servidores, y mirándolo le dice: ¿Tú estabas con Jesús el Nazareno? Y Pedro le contestó: No lo conozco ni sé de qué me hablas. Y se movió a otro lugar. Mas la criada volvió a pasar cerca de Pedro y mirándolo otra vez comenzó a decir a los que estaban allí que él era uno de los que estaban con Jesús, y él lo negó otra vez. Luego todos lo que estaban allí reconocieron que Pedro era de los que estaban con Jesús, porque él era diferente a ellos, tanto en su forma de ser como en su modo de hablar. Por tercera vez señalaron a Pedro como uno de los que estaban con Jesús. Y él nuevamente lo negó diciendo que no conocía al hombre de quien le hablaban e incluso lo juró. Y fue tanto su disgusto que comenzó a maldecir. En aquel momento el gallo cantó y Pedro recordó las palabras que había dicho Jesús: "Esta noche, antes de que el gallo haya cantado, tú me habrás negado tres veces" (Mateo 26:69-75). Y pensando en esto Pedro lloró amargamente.

Este fue un suceso muy amargo para Pedro, más aún cuando él había prometido a Jesús que nunca lo negaría y si fuera necesario moriría por él, pero nunca lo dejaría ni lo negaría.

Yo creo que probablemente este incidente y la muerte de Jesús fueron unos de los actos más tristes que Pedro experimentó en su vida. No hay duda que Pedro fue el principal de entre los apósteles más cercanos a Jesús.

Según se deduce de los evangelios, Pedro fue el primero de entre los discípulos, pero esto no quiere decir que él hubiera sido el jefe o solamente un vocero de los doce o que su especial posición fue indefinida.

Algunos investigadores del Evangelio y ciertos escritores han dicho que la importancia y preeminencia de Pedro se dio solamente después de la muerte de Jesús, lo cual es totalmente inaceptable, ya que las evidencias demuestran su rol de líder durante la vida de Jesús, las cuales son suficientemente fuertes para no admitir ninguna contradicción.

Pedro hablaba y contestaba muchas veces por el grupo completo y, cuando ellos comenzaron a discutir quién era el más importante de los apóstoles, no hubo unanimidad entre ellos sobre este tema. Pero nosotros sabemos ahora que la respuesta debe ser Pedro. 5

Se puede asumir que había divergencias entre los doce, y así debía de ser, porque ellos venían de diferentes estatus culturales, sociales y económicos, y así fueron llamados por Jesús conociendo él, los problemas de cada uno.

El número doce es muy simbólico para el pueblo Judío porque doce fueron las tribus de Israel, doce los tronos de los jueces y doce los apóstoles.

De acuerdo con lo que dicen los narradores del Evangelio y los Hechos de los Apóstoles, se puede percibir a Pedro como una persona de carácter fuerte, extrovertido e impulsivo, pero a pesar de sus deficiencias y extravagancias en algunas cosas, Jesús lo escogió para su ministerio y lo hizo su más cercano colaborador. Después de Jesús, fue y ha sido junto a Pablo uno de los más grandes hombres dentro de la historia del cristianismo.

Hasta aquí hemos visto los principales acontecimientos que tuvieron lugar en la vida de Pedro durante el ministerio de Jesús. Fue un líder entre los discípulos; muchas veces fue su vocero y Jesús lo tenía como su más cercano colaborador.

Es muy importante resaltar que hasta la muerte de Jesús, Pedro no recibió ningún título especial por parte de Jesús o de sus compañeros, tampoco fue nombrado su sucesor cuando él muriera. En las cuatro narraciones del Evangelio no hay una sola palabra referente a algún título especial que Jesús le haya otorgado a Pedro, excepto el de discípulo como el resto de sus compañeros.

Seguiremos la vida de Pedro después de la muerte de Jesús para saber si él o alguien más le dio el título de sucesor de Cristo en la Tierra. Pero mientras hacemos esto, lo invito querido lector a que usted mismo investigue en la Biblia, en cada una de las narraciones de los cuatro evangelistas (Mateo, Marcos, Lucas y Juan), para saber si hay alguna alusión referente a algún título que Jesús le haya dado a Pedro o que lo haya nombrado su sucesor cuando muriera.

## Bibliografía:

La Santa Biblia, Nuevo Testamento, revisión de 1960, Antigua versión de Casiodoro de Reina 1569.

4 ) Michael Grant. *San Peter*. Editorial Scribner. New York, NY, USA First Edition 1995. Chapter 3, *The calling of the Peter*, pág. 59

5 ) Ibíd., Pág. 59

# CAPÍTULO 3

# PEDRO DESPUÉS DE LA MUERTE DE JESÚS (Hechos 1)

Jesús murió y al tercer día resucitó, así lo corroboran los cuatro evangelistas. Se apareció a su madre, y otras mujeres y algunos de sus discípulos. Les indicó que no se fueran de Jerusalén y que permanecieran todos unidos hasta el cumplimiento de la promesa de su Padre: que serían bautizados con el poder del Espíritu Santo (Hechos 1:4,5). Pidió a sus discípulos que fueran testigos en Jerusalén, Judea, Samaria y hasta los confines de la tierra (v. 8). Después de haber estado entre ellos cuarenta días, ascendió al cielo ante los ojos de los discípulos (v. 3 y 10) y éstos recibieron el consuelo de los ángeles, quienes aseguraron el regreso de Jesús (v. 11).

Los once apóstoles vivos habitaban en el aposento alto, y ahí "perseveraban unánimes en oración y ruego, con las mujeres y con María la madre de Jesús y sus hermanos" (v 14). En ocasión de una reunión en el aposento alto, cuando estaban allí como 120 personas, Pedro les recordó que Jesús había elegido a doce apóstoles, por lo que deberían elegir a uno que reemplazara a Judas Iscariote, que había traicionado a Jesús vendiéndolo. El elegido fue un discípulo llamado Matías (v. 26)

## ALGUNOS ATRIBUTOS DE PEDRO

Uno de los muchos atributos o dones que Pedro tenía, y que se pudo ver más claramente después de la muerte de Jesús, fue el de la oratoria. Pedro era un orador competente y persuasivo; ha sido descrito como un gran orador en el inicio del judeocristianismo. 6

El autor de Hechos de los Apóstoles, Lucas, quien conocía muy bien a Pedro, le acredita por lo menos nueve discursos. Todos éstos tenían un común denominador: ensalzar a Cristo, hablar de su muerte en la cruz, de su resurrección y del evangelio.

## EL ESPÍRITU SANTO DESCIENDE SOBRE LOS APÓSTOLES QUE SE HALLABAN REUNIDOS EN EL APOSENTO ALTO

El siguiente acontecimiento es una extraordinaria historia, narrada en Hechos 2, en la que Pedro manifiesta sus grandes dotes de orador, en ocasión del derramamiento del Espíritus Santo sobre los apóstoles.

Y como se cumplieron los días de Pentecostés, estaban todos reunidos juntos; y de repente vino un estruendo, del cielo, como un viento fuerte que corría, el cual hinchó toda la casa donde estaban reunidos, y se les aparecieron como lenguas de fuego repartidas que se asentaron sobre cada uno de ellos. Y fueron todos llenos del Espíritu Santo y comenzaron a hablar en lenguas como el espíritu les decía que hablasen.

Y moraban en Jerusalén judíos y varones religiosos de todas las naciones del mundo. Y cuando oyeron este estruendo, juntose gran multitud y estaban muy confusos porque cada uno los oía hablar en su lengua original. Y estaban atónitos y maravillados y decían: He aquí ¿no son todos estos que hablan galileos? ¿Cómo pues los oímos cada uno de nosotros hablar en nuestra propia lengua con que fuimos nacidos? Y estaban todos atónitos y perplejos diciendo los unos a los otros: ¿Qué quiere decir esto?

Las personas extranjeras que se reunieron para averiguar qué había sido el estruendo y lo que estaba sucediendo, no podían creer cuando escucharon a estos galileos sin educación hablando los idiomas de países lejanos. Era un misterio el hecho de poder entender perfectamente el mensaje dicho en el idioma del país de origen de los asistentes.

"Mas otros, burlándose, decían: Están llenos de mosto" (v. 13), en otras palabras, borrachos o embriagados. Al escuchar estas palabras, Pedro y el resto de los apóstoles, tal vez en señal de disgusto y firmeza, se pusieron de pie. Pedro defendió a los creyentes aludiendo a las palabras del profeta Joel" (v. 14-16): "Y será que después de esto derramaré mi Espíritu sobre toda carne y profetizarán vuestros hijos y vuestras hijas; vuestros viejos soñarán sueños y vuestros mancebos verán visiones. Y aun también sobre las siervas derramaré mi Espíritu en aquellos días. Y daré prodigios en el cielo y en la tierra, sangre y fuego y columnas de humo" (Joel 2:28-30).

Jesús les había reafirmado esta promesa cuando les aseguró que cuando él ya no estuviera entre ellos no quedarían abandonados, porque su Padre les enviaría el Espíritu Santo para que les recordara todas las cosas que les había enseñado. Los apóstoles sabían que esto sucedería (Juan 14: 26).

Pedro le hablaba a la multitud reunida acerca de la muerte de Cristo, de su resurrección y su ascensión al cielo donde había sido recibido por Dios Padre. Les aseguraba que la manifestación del Espíritu Santo era cumplimiento de lo que Jesús les había prometido. Y todos los que se habían reunido escuchaban a Pedro atentamente y en silencio. Y las palabras de Pedro penetraron tan profundamente en su ser, que fueron compungidos de corazón, y dijeron a Pedro y a los otros apóstoles: "Varones hermanos, ¿qué haremos?" (v. 37). Pedro los instó al arrepentimiento y los invitó a bautizarse en el nombre de Jesucristo, para perdón de sus pecados. Así recibirían el don del Espíritu Santo, y con gran elocuencia los exhortaba para que fueran salvos.

El resultado de las palabras de Pedro es claro indicio del poder de su discurso, mediante la intervención del Espíritu Santo, ya que decidieron aceptar al Señor y bautizarse en su nombre cerca de tres mil personas ese día (v. 38-41).

## PRIMER MILAGRO DE PEDRO (HECHOS 3)

El primer milagro realizado por Pedro se registra en Hechos 3. Ahí se narra cómo él y Juan, mientras subían al templo a la hora de oración –como a la hora nona–, se encontraron con un hombre cojo de nacimiento que era llevado todos los días a una puerta del templo para que pidiese limosna. Hacía eso todos los días; apelaba a las personas que entraban al templo a compadecerse de su incapacidad física.

Cuando el desvalido vio a los discípulos que se aproximaban les pidió ayuda; Pedro, de manera poco común, le pidió al menesteroso que los mirara para que éste viera la condición en que ellos se encontraban. El mendigo esperaba ayuda económica por parte de ellos (v.1-5).

La respuesta de Pedro no empezó de la forma como el cojo deseaba: "No tengo plata ni oro, pero lo que tengo te doy; en el nombre de Jesucristo de Nazaret, levántate y anda" (v. 6). Pedro, entonces lo tomó de la mano derecha, lo levantó, y los pies y tobillos del mendigo se afirmaron, y éste se colocó sobre sus pies inmediatamente. Con gozo desbordante entró con los discípulos al templo, pero caminaba al acordarse de lo sagrado del lugar, pero su emoción lo traicionaba, así que saltaba alabando a Dios (v. 7 y 8), ya que sabía que un poder como el de los discípulos solo podría provenir de Dios.

Al requerir la ayuda nunca pensó que sería una ayuda radical para su vida: le restaurarían la salud desapareciendo su incapacidad física. El minusválido nunca se imaginó que este par de hombres aparentemente comunes, sin algo visiblemente especial, pudieran restablecerle su salud física. Él no sabía que estos varones, aparentemente igual a los otros hombres, poseían un don maravilloso que los hacía diferente a los demás: habían estado con Jesús y tenían el poder del Espíritu

Santo, quien le otorgaba la capacidad de restablecerle su salud física, que era una posesión invaluable. Y pensar que él se conformaba con unas monedas.

La mayoría de los habitantes de la ciudad de Jerusalén conocían al cojo, ya que la mayoría era judía y acostumbraban ir dos o tres veces al día al templo, y siempre se encontraban con él cuando pedía limosna en su lugar predilecto, la puerta de la Hermosa (v. 2, 10). La gente que lo vio entrar andando, brincando y alabando a Dios, se asombró mucho (v. 10). La noticia circuló inmediatamente por toda la ciudad, y todos los habitantes acudieron al pórtico de Salomón (v. 11), para comprobar la noticia que no creían hasta que fuera comprobada por sus propios ojos

Pedro, al ver tal congregación, comenzó a hablarles diciéndoles: "¿Por qué os maravilláis de esto? ¿o por qué ponéis los ojos en nosotros, como si por nuestro poder o piedad hubiésemos hecho andar a éste? El Dios de Abraham, de Isaac y de Jacob, el Dios de nuestros padres, ha glorificado a su Hijo Jesús. Y por la fe en su nombre, a éste, que vosotros veis y conocéis, le ha confirmado su nombre; y la fe que es por él ha dado a éste esta completa sanidad en presencia de todos vosotros" (v. 12, 13 y 16).

# MILAGRO DE PEDRO: AL PARALÍTICO ENEAS (HECHOS 9:32-35)

Pedro decidió visitar los hermanos de las iglesias que hacía algún tiempo se habían organizado en esa área. Cuando visitaba a los de la iglesia de Lida halló a un hermano llamado Eneas, que tenía ya ocho años en cama paralítico. Pedro fue informado de su condición y decidió ir a visitarlo. Cuando lo encontró postrado en cama se compadeció de él, y le dijo: "Jesucristo te sana, levántate, y haz tu cama" (v. 34), y Eneas se levantó.

Como Lida no era una ciudad muy grande, enseguida corrió la noticia por toda ella. La noticia llegó también a otra ciudad vecina llamada Sarón. Muchos fueron a cerciorarse personalmente de este nuevo milagro de Pedro, y se animaron y se regocijaron de ver las grandes maravillas que Dios estaba haciendo por medio del apóstol. Como resultado, la mayoría de habitantes de estas dos ciudades se convirtieron al Señor.

## MILAGRO DE PEDRO: A TABITA
## (HECHOS 9: 36-43)

Cerca de Lida se encontraba la ciudad de Jope; allí vivía Tabita –conocida también como Dorcas– que era reconocida por su buen corazón, sus buenas obras y las limosnas que ofrecía a las personas. Ella confeccionaba vestidos y túnicas que regalaba a los necesitados por eso era muy querida en la ciudad. Tabita enfermó y murió, y después de ser preparado su cuerpo fue colocado en una sala. Los cristianos de Jope mandaron a dos hombres a buscar a Pedro, que se encontraba en Lida, para que lo convencieran de que fuera cuanto antes a Jope a la casa de Tabita. El apóstol accedió a ir inmediatamente a esta ciudad. Pedro fue conducido a la casa de Tabita, adonde se encontraba su cuerpo. Las desprotegidas viudas y otras personas mostraban llorando las túnicas que Dorcas les había hecho cuando estaba con ellos. Pedro hizo retirar a todos de la sala y postrándose de rodillas oró; luego, mirando al cuerpo de Tabita, dijo: "Tabita, levántate". Ella abrió los ojos y al ver a Pedro se incorporó; él le dio la mano y la levantó. Pedro llamó a las viudas y a todos los que se hallaban en la casa y presentó a Tabita viva. Este milagro se supo en toda la ciudad de Jope, y muchas personas se convirtieron al Señor.

Pedro, al ver tanto interés en los habitantes de Jope por las cosas de Dios, decidió quedarse unos días allí enseñando y evangelizando y fue hospedado en la casa de Simón el curtidor.

*Manuel Cortes*

## Bibliografía:

La Santa Biblia, Antiguo y Nuevo Testamento, revisión 1960 Antigua versión de Casiodoro de Reina 1569.

6)  Michael grant, Sain Peter. Editorial Scribner, 1230 Ave. Of the Americas

New York, N. Y. 10020 U.S A. First edition 1995, chapter 8 the speeches Attributed to peter, pag. 111

# CAPITULO 4

## LOS GENTILES SON ACEPTADOS POR DIOS

Según algunos historiadores bíblicos, Dios llamó a Abrahán en el año 2045 A.C. El Señor le prometió a Abrahán que sería padre de muchedumbres de gentes y le prometió que haría grandes maravillas con él y su simiente, a través de una alianza perpetua, un pacto con él y con su descendencia por generaciones (Gen 17:1-9).

"Y Dios dijo a Abrahán, este será mi pacto que guardéis entre mi y vosotros y tu simiente después de ti, será circuncidado todo varón de entre vosotros. Circuncidaréis la carne de vuestro prepucio será por señal entre mí y vosotros. Y de edad de ocho días será circuncidado todo varón entre vosotros  por vuestras generaciones: el nacido en casa, y el comprado a dinero de  cualquier extranjero, que no fuese de tu simiente" (Gen 17: 10-12).

Este pacto estaba en vigencia todavía en el tiempo cuando vivió Cristo. Él, que era judío, cumplió con el pacto de la circuncisión; sin embargo, durante todo su ministerio, nunca se manifestó a favor o en contra de tal costumbre. Solo habló de un nuevo pacto el día anterior de su muerte, en la cena de la celebración de la Pascua judía, pero de manera poco profunda.

Para todo judío, el pacto de la circuncisión era muy importante, así que era practicado de generación en generación. Como pueblo de Dios, los judíos debían cumplir a cabalidad con este pacto y con todos los estatutos que Dios les había indicado cumplir.

En los tiempos de Jesús eran muy comunes los términos despectivos "incircunciso" o "gentil" para referirse a las personas no judías, los que no habían cumplido con el pacto de la circuncisión. Un judío no podía tener trato alguno con los gentiles, ya que se los consideraba inferiores por no ser descendientes de Abrahán ni pertenecer al pueblo elegido por Dios. Los judíos se sentían orgullosos de ser descendientes de Abrahán, elegidos por Dios para una misión especial; en cambio los gentiles o incircuncisos no tenían una misión de origen divino y no tenían un dios que los guiara de manera clara Como el Dios de los Judíos.

El mismo Jesús, cuando envió a sus doce discípulos a predicar, les dio instrucciones y les recomendó no entrar a las casa de los gentiles ni de los samaritanos: "Entonces llamando a sus doce discípulos, les dio potestad contra los espíritus inmundos, para que los echasen fuera, y sanasen toda enfermedad y toda y toda dolencia.

Estos doce envió Jesús a los cuales dio mandamiento, diciendo: por el camino de los gentiles no iréis, y en ciudad de Samaritano no entréis; Mas id antes a las ovejas perdidas de la casa de Israel. Y yendo, predicad, diciendo: el reino de los cielos se ha acercado, Sanad enfermos, limpiad leprosos, resucitad muertos, echad fuera demonios: de gracia recibisteis, dad de gracia" (San Mateo 10:1, 5-8).

Después de la muerte de Jesús, la situación entre judíos y gentiles era básicamente igual a la de antes de su ministerio: existía una gran separación entre ambos pueblos. La situación, sin embargo, cambió cuando Pedro fue invitado a la casa de Cornelio. Este acontecimiento, que se narra en Hechos 10, fue determinante para la transformación de la vida del gentil o incircunciso.

Cornelio, centurión romano, vivía en la ciudad de Cesarea –el mayor puerto marítimo romano sobre el Mediterráneo, centro político, comercial y cultural. A pesar de ser un gentil, Cornelio y su familia amaban y adoraban a Dios. El centurión oraba constantemente a Dios y ayudaba a las personas en necesidad.

Una tarde, mientras oraba, Cornelio tuvo una visión en la que se le apareció un ángel que lo llamaba. Temeroso, se puso a las órdenes del mensajero. Éste le indicó que debía mandar a sus siervos a Jope, a buscar a Simón Pedro, el cual se alojaba en casa de Simón curtidor, cuya casa se localizaba junto al mar. Pedro le indicaría qué debía hacer.

Cornelio mandó a dos siervos y a un soldado a Jope para buscar a Pedro. Al día siguiente, cuando los tres iban en camino, ya cerca de Jope, el Apóstol oraba en la azotea de la casa y sintió mucha hambre. Mientras le preparaban alimento entró en una visión en la que descendía del cielo un lienzo atado por las cuatro puntas, y en él había toda clase de cuadrúpedos terrestres, fieras, reptiles y aves. Pedro oyó, entonces, una voz que lo mandó que matara y comiera los animales. El Apóstol respondió consternado que nunca había comido animales impuros; a lo que la voz respondió: "Lo que Dios limpió, no lo llames tú común" (v. 15). Después de tres ocasiones que se repitió la plática, el lienzo fue recogido al cielo.

Vale la pena hacer un alto en el pasaje para explicar que Dios había indicado al pueblo de Israel, durante el éxodo y su peregrinación en el desierto, no comer ciertos alimentos perjudiciales para la salud, y eran esos los que se encontraban en el lienzo de la visión de Pedro. Éste estaba muy sorprendido por lo que había visto y oído, ya que seguía al pie de la letra las indicaciones divinas, y ahora, en la visión, todo indicaba una clara contradicción con los estatutos dados al pueblo de Israel en los libros bíblicos de Levíticos y Deuteronomio.

Regresando al pasaje de Hechos, mientras Pedro trataba de entender el significado de la visión, el Espíritu le indicó que había tres hombres que lo buscaban en la puerta. Pedro bajó y se presentó. Los hombres le pidieron venir a casa de Cornelio, a Cesarea, según la indicación del ángel que se le presentó a éste. El Apóstol los invitó a entrar y pasar la noche ahí. Al día siguiente, Pedro junto con otros creyentes de Jope viajaron con los tres enviados del centurión.

Al segundo día entraron en Cesarea, donde Cornelio, con su familia y amigos cercanos, lo recibieron. La Biblia describe textualmente el acontecimiento:

"Cuando Pedro entró, salió Cornelio a recibirle, y postrándose a sus pies, le adoró. Mas Pedro le levantó, diciendo: Levántate, pues yo mismo también soy hombre. Y hablando con él, entró, y halló a muchos que se habían reunido. Y les dijo: Vosotros sabéis cuán abominable es para un varón judío juntarse o acercarse a un extranjero; pero a mí me ha mostrado Dios que a ningún hombre llame común o inmundo; por lo cual, al ser llamado, vine sin replicar. Así que pregunto: ¿Por qué causa me habéis hecho venir? (vers 25-29)

Cornelio le narró lo que había acontecido cuatro días antes y la indicación de Dios de mandarlo traer de Jope para que les hablara del evangelio de Jesucristo.

Pedro, antes de hablar de las obras y mensaje de Jesús, dijo: "En verdad comprendo que Dios no hace acepción de personas, sino que en toda nación se agrada del que le teme y hace justicia. Dios envió mensaje a los hijos de Israel, anunciando el evangelio de la paz por medio de Jesucristo; éste es Señor de todos" (v. 34-36).

Cuando Pedro hablaba, el Espíritu Santo se derramó sobre todos los presentes, judíos y gentiles. "Entonces respondió Pedro: ¿Puede acaso alguno impedir el agua, para que no sean bautizados estos que han recibido el Espíritu Santo también como nosotros? Y mandó bautizarles en el nombre del Señor Jesús" (v. 47, 48).

La visión que Pedro tuvo de los animales inmundos no debía ser tomada de manara literal. Lo que Dios quería indicarle a Pedro era que la división entre judíos y gentiles, entre circuncisos e incircuncisos, desde ese momento en adelante quedaría eliminada, ya que para Dios todos eran iguales; no habría discriminación ni privilegios relacionados con el origen o nacionalidad de las personas. Por la sangre de Cristo ahora todos eran hijos de Dios.

## DESACUERDO EN JEREUSALÉN CON PEDRO POR HABER PERMITIDO ENTRAR GENTILES AL JUDEOCRISTIANISMO (HECHOS 11:1-4, 17, 18)

Al llegar la noticia a los cristianos de Jerusalén sobre lo que había pasado con los gentiles en Cesárea, los apóstoles y demás personas que estaban en la capital –que prácticamente eran los dirigentes de la nueva Iglesia judeocristiana en formación se alarmaron y no podían creer que Pedro hubiera dado entrada en su incipiente congregación a hombres incircuncisos. Así que comenzaron a hacer planes sobre el interrogatorio al que someterían al apóstol cuando regresara a Jerusalén, para que explicara punto por punto los motivos que lo habían llevado

A considerar a los gentiles incircuncisos con igualdad de privilegios que los judíos circuncidados y guardadores de la ley mosaica, practicantes de todos los ritos religiosos y privilegiados de participar del reino de Dios por su origen.

Cuando Pedro llegó a Jerusalén, los hermanos judíos "que eran de la circuncisión" (v. 2) le reprocharon al haber entrado y comido en la casa de incircuncisos (v. 3). Entonces Pedro comenzó a hablar y les declaró todo lo ocurrido. Les platicó acerca de la visión de los animales inmundos, la experiencia de Cornelio y los tres hombres que envió por él, sobre la reunión que tuvo en la casa de Cornelio, el derramamiento del Espíritu Santo sobre los gentiles.

Después de que Pedro narró todos estos acontecimientos y dio evidencia de que había sido voluntad divina (v. 17) los judíos "callaron, y glorificaron a Dios, diciendo: !De manera que también a los gentiles ha dado Dios arrepentimiento para vida!" (v. 18).

# POPULARIDAD DE PEDRO Y LOS DEMÁS APÓSTOLES (HECHOS 5: 12, 14,16)

Pedro y los otros apóstoles iban por todas partes hablando de Cristo, contando las grandes cosas que había hecho y dicho durante su ministerio; compartían lo que habían visto y lo que habían vivido personalmente.

El Espíritu Santo obraba grandemente en la vida de los apóstoles, y por mano de ellos eran hechos grandes milagros y prodigios en el pueblo (v. 12), y su popularidad y fama se extendían por todas partes y los aclamaban grandemente, y todos querían reunirse y estar con ellos.

El número de creyentes aumentaba grandemente (v. 14), y era tanta la fe que tenían que llegaban a Jerusalén de ciudades vecinas, "trayendo enfermos y atormentados de espíritus inmundos" (v. 16) para que fueran sanados por ellos. Y era tanta la fama de Pedro, en particular, que la gente colocaba a los enfermos en camas y lechos por donde él iba a pasar para que, por lo menos, su sombra los tocara y fueran sanados (v. 15).

# MILAGROS DE JESÚS DESPUÉS DE SU RESURECCIÓN (JUAN 21)

Después de la resurrección de Jesús, se les apareció muchas veces a sus discípulos. En la narración del evangelio de Juan se narra la tercera aparición del Maestro resucitado. En esta ocasión fue cuando Pedro, Tomás, Natanael, Santiago, Juan y dos discípulos más estaban pescando en el mar de Tiberias. Después de haber intentado toda la noche sin resultado alguno, en la madrugada, Jesús, sin ser reconocido a primera vista, pide de comer, pero los discípulos respondieron que no habían logrado atrapar nada. Jesús les indica echar la red a la derecha de la barca y ellos obedecieron. La pesca fue tan asombrosa que no podían sacar la red debido a tanto peso (v. 1-6).

Juan reconoció que era el Maestro y se lo dijo a Pedro. Éste, con emoción se puso su ropa, y se echó al mar. Los otros discípulos trajeron la barca a tierra y encontraron a Jesús con una fogata hecha, y sobre ella un pez y pan. El Señor les pidió peces y fue Pedro quien trajo la red a tierra. Jesús los invitó a comer de lo que había preparado. Los discípulos no preguntaron nada, pues sabían que era su Maestro (v. 7-14).

Después de que los discípulos hubieron comido, Jesús le preguntó a Pedro tres veces —las mismas veces que éste lo había negado la noche del arresto del Maestro—: "Simón, hijo de Jonás, ¿me amas?" Pedro le respondió con seguridad las dos primera veces: "Sí, Señor; tú sabes que te amo"; sin embargo, la tercera ocasión, Pedro ya abrumado le responde: "Tú sabes todas las cosas, tú sabes que te amo". Y Jesús, después de cada respuesta de Pedro le hizo la indicación: "Apacienta mis corderos", "Pastorea mis ovejas" y "Apacienta mis ovejas", respectivamente (v. 15-17).

# Bibliografía:

La Santa Biblia, Antiguo y Nuevo testamento, revisión de 1960. Antigua versión de Casiodoro de Reina 1569.

7)  David Noel Freedman, *Dictionary of the Bible,* Editorial: David Noel FreedmanEditor –in – chief. Published by: Wn.B. Eermans publishing Co.Gran Rapids, Michigan, USA Edición del 2000, pág. 206 y 207

# CAPÍTULO 5

## COMENTARIO ACERCA DE LA PRIMERA EPÍSTOLA DE SAN PEDRO

### DUDAS SOBRE LA AUTORÍA

La autoría de la Primera Epístola de Pedro ha sido un tema de discusión entre muchos biógrafos, historiadores y eruditos bíblicos. Un argumento para pensar que no fue escrita por Pedro es que en esta epístola se usan expresiones típicamente paulinas. Aunque se podría pensar que Pablo influyó en el estilo de Pedro, ellos no se veían con frecuencia. 8  (CBA p 563)

Otra razón por la que los historiadores bíblicos ponen en tela de juicio la autoría de Pedro es que no se puede comprobar que él haya viajado a las provincias que se mencionan en la epístola —como Galacia—, que eran territorio de Pablo. Después de Hechos, capítulo 15, es decir, en el año 50 d.C., la Biblia no menciona nada con relación a los movimientos de Pedro.

Otro punto a discutir es el lenguaje literario y el extraordinario dominio del idioma griego que se presenta en la epístola. Pedro hablaba griego, pero no es muy lógico pensar que siendo un humilde pescador de Galilea, pudiera escribir frases tan bien elaboradas, con un lenguaje tan bello. No con esto se descarta la posibilidad de que Pedro hubiera estudiado griego y hubiera aprendido a leerlo y escribirlo correctamente y con elegancia. Sin embargo, si este fuera el caso, ¿por qué hay tanta diferencia entre el estilo de esta primera epístola y la segunda?

Existe la posibilidad de que haya escrito esta epístola mientras se encontraba preso en Roma y que le hubieran llegado las noticias de las persecuciones llevadas a cabo en las provincias que menciona, sin que necesariamente hubiera viajado a ellas. 9

Algunos comentaristas bíblicos sugieren que Pedro autorizó o pidió a Silvano para que escribiera en su nombre, ya que él dice claramente en 1 Pedro 5: 12: "Por conducto de Silvano, a quien tengo por hermano fiel, os he escrito brevemente". Es muy claro que fue Silvano quien en realidad escribió la epístola. El Comentario Bíblico Adventista dice que fue Silvano el autor. Silvano es el mismo que Silas.

Es muy probable que pudiera ser el mismo Silvano que Pablo menciona en 1 Tesalonicenses 1:1, en 2 Tesalonicenses 1:1 y en 2 Corintios 1: 19. De hecho, Silvano era muy amigo de Pablo y posiblemente colaborador de éste en las cartas que escribió. Ahora bien, si Pedro estaba preso, tal vez no haya tenido la misma libertad que Pablo al ser puesto en una casa alquilada donde podía recibir visitas.

Quizá Pedro no tuvo esa  suerte, y sólo recibía noticias de las provincias en las que los cristianos estaban siendo perseguidos. En vista de ello, tal vez le dio instrucciones a Silvano con los detalles principales sobre lo que quería que se mencionara en la carta. 10

Haya sido Pedro el autor de la carta o no, es obvio que ésta fue escrita bajo la iluminación del Espíritu Santo, ya que únicamente con la inspiración divina se podía haber escrito tan bellamente asuntos espirituales mencionados en la epístola.

# PRIMERA EPÍSTOLA DE SAN PEDRO
# CAPÍTULO 1 (comentario)

## SALUDO

1:1, 2:  *Pedro, apóstol de Jesucristo, a los expatriados de la dispersión en el Ponto, Galacia, Capadocia, Asia y Bitinia,  elegidos según la presciencia (conocimiento) de Dios Padre en santificación del Espíritu, para obedecer y ser rociados con la sangre de  Jesucristo: Gracia y paz os sean multiplicadas.*

Este saludo era una forma típica que usaban los judíos. La forma griega era algo más breve. Este tipo de saludo se puede ver también en las cartas escritas por Pablo.

Lo primero que hace Pedro es identificarse como apóstol de Jesucristo para tener el respaldo de alguien con la total autoridad para predicar las buenas nuevas del mismo que lo llamó y lo invistió al apostolado.

Pedro utiliza el término "expatriados" para referirse de manera metafórica a los  "peregrinos" o cristianos  de origen gentil o judío- que consideraban esta tierra como ajena, siendo el cielo su hogar permanente (Comentario Bíblico Adventista).

Este mismo concepto lo podemos aplicar a la actualidad cristiana. La residencia en esta tierra es temporaria, es decir, debemos considerarmos "expatriados" porque nuestra residencia definitiva es en la Nueva Jerusalén, el lugar que Cristo ha preparado para cada uno de los que lo hemos aceptado como nuestro Salvador.

Los cristianos a los que Pedro está dirigiendo la misiva son miembros de las iglesias que se encontraban en Asia Menor, provincias del Imperio Romano. Conformaban un circuito que Pedro tenía en mente, una ruta que posiblemente iba a seguir su portador llevando su mensaje a las iglesias.

Existe la posibilidad de que estos cristianos hubieran estado teniendo persecuciones por sus creencias religiosas, y Pedro, por medio de esta carta, trataba de animarlos **Eso podría sugerir el tiempo de la persecución de Nerón, la que comenzó en el año 64 d. C. (CBA p 564.**

**1:3**: *Bendito el Dios y Padre de nuestro Señor Jesucristo que según su grande misericordia nos hizo renacer para una esperanza viva, por la resurrección de Jesucristo de los muertos,*

Pedro continúa su carta dando gracias a Dios, fórmula que también se presenta en 2 Corintios 2: 1-3 y en Efesios 1: 1-3. La alabanza a Dios al comienzo en una carta era típico del judeocristianismo. 11

Pedro no se limita a simplemente decir "bendito sea Dios", sino que expresa una alabanza y reconocimiento a Dios, Padre de nuestro Señor Jesucristo. Otro motivo de alabanza es por el renacimiento que el ser humano experimenta al conocer a Jesucristo; hecho que el ser humano por sí mismo no puede conseguir, sino mediante Dios y la resurrección de Cristo, por su misericordia y amor.

La resurrección de Jesús, que es la victoria sobre la muerte y el volver a nacer para vida eterna, debe ser el punto culminante para esta generación. Es por eso que el cristiano no debe aguardar la muerte con miedo, sino con la esperanza del inicio de una nueva vida con Cristo Jesús, que "es la garantía del futuro eterno de los redimidos" (CBA p 568).

1:4: *para una herencia incorruptible, incontaminada e inmarcesible, reservada en los cielos para vosotros,*

Pedro utiliza tres adjetivos para describir la promesa o herencia –que es la salvación por medio del Mesías (CBA p 955). Será *incorruptible*: no se deteriorará, ni se dañará ni alterará como las cosas de este mundo; pero lo que Dios ofrece a sus fieles seguidores durará por la eternidad. Será *incontaminada*: no se contaminará con el pecado, ni se corromperá nunca ni se mancillará. Será *inmarcesible*, es decir, no se marchitará ni perecerá. Pedro, más adelante, compara al ser humano y su gloria con la hierba o la flor, ya que aquélla se seca y ésta se cae. Sin embargo, esta herencia es eterna, nunca dejara de existir (Primera de Pedro 1: 24).

1:5:  *que sois guardados por el poder de Dios mediante la fe, para alcanzar la salvación que está preparada para ser manifestada en el tiempo postrero.*

Como herederos, los cristianos podemos gozar de la protección de Dios a través de la fe y la confianza en que él nos liberará del pecado; alcanzaremos la salvación que se manifestará en los tiempos finales.

Esta salvación que se nos invita a aceptar ya está preparada, Dios ideó el plan desde tiempos eternos. El término "preparada" aparece también en Mateo 22:8: "Entonces dijo a sus siervos: Las bodas a la verdad están preparadas", es decir, la salvación está lista, sólo falta que se dé la orden final para levantar el telón. Lo que no sabemos exactamente es el momento preciso en que esta salvación será manifestada al resto del mundo, por lo que debemos estar listos constantemente.

1:6:  *En lo cual vosotros os alegráis, aunque ahora por un poco de tiempo, si es necesario, tengáis que ser afligidos en diversas pruebas,*

Pedro continúa hablando de la crisis, de las aflicciones que conlleva el ser fiel seguidor de Cristo, y de cómo, en esas circunstancias, se puede tener gozo en él, ya que esas aflicciones, comparadas con la eternidad  a gozar, son breves.

El cristiano debe estar consciente que al ser seguidor de Cristo se convierte en blanco constante de los ataques de Satanás.

1:7:  *para que sometidos a prueba vuestra fe, mucho más preciosa que el oro, el cual aunque perecedero se prueba con fuego, sea hallada en alabanza, gloria y honra cuando sea manifestado Jesucristo,*

Los lectores a los que Pedro escribió esta carta sabían de lo que él les estaba hablando, su fe estaba pasando por la purificación del fuego de las pruebas. Su fe era como el oro, que para ser refinado y despojado de toda impureza, debía soportar altas temperaturas. De igual forma, al final, Dios reconocerá la excelencia del carácter del cristiano, cuando Jesús se manifieste en gloria y termine el reinado de Satanás y el pecado.

1:8, 9: *a quien amáis sin haber visto, en quien creyendo, aunque ahora no lo veáis, os alegráis con gozo inefable y glorioso, obteniendo el fin de vuestra fe, que es la salvación de vuestras almas.*

Los receptores de la epístola no conocían personalmente a Jesús, pero la fe hacía que creyeran en él (Hebreos 11:1). El estar ligados a él hace que se sienta una felicidad inexplicable, que sólo quienes están convertidos pueden entender.

La experiencia se repite vez tras vez, generación tras generación: no tenemos el privilegio de conocerlo físicamente, como los apóstoles; sin embargo, a pesar de eso nuestra fe no es menor que la de quienes lo conocieron.

Aguardamos con gran deseo ese día cuando Cristo venga por segunda vez, y la fe y la esperanza que se han alimentado en Cristo Jesús tendrán una gloriosa culminación con la liberación del pecado (v. 5) y con la herencia eterna (v. 4): la salvación, que es el objetivo.

## EL TESTIMONIO DE LOS PROFETAS

1:10: *Los profetas que profetizaron de la gracia destinada a vosotros, inquirieron y diligentemente indagaron a cerca de esta salvación.*

La información sobre la manifestación humana de Dios a través de Jesucristo había sido revelada por algunos profetas, entre ellos, Isaías (52: 2 y el capítulo 53) quien habla sobre lo que le sucedería a Jesús cuando viniera a esta tierra por primera vez. Era un tema destinado a la generación que vivió después de la muerte de Jesús. Esos profetas de la antigüedad no sólo recibieron revelación directa y abierta por parte de Dios, sino que requerían también estudiar, investigar con sinceridad y seriamente lo que ya estaba escrito para comparar y complementar las profecías sobre la venida del Mesías y su obra redentora.

De igual manera, es necesario que los cristianos actuales realicemos un estudio inquisitivo, que diligentemente indaguemos sobre la vida de Jesucristo y sobre la salvación de nuestras almas.

1:11: *Escudriñando qué persona y que tiempo indicaba el Espíritu de Cristo que estaba en ellos, el cual anunciaba de antemano los sufrimientos de Cristo y las glorias que vendrían tras ellos.*

El escrito original griego no menciona la palabra "persona", sólo "tiempo" (CBA p. 569). Los profetas anunciaron que en un futuro pasaría ese acontecimiento, pero no sabían exactamente cuándo este mensaje se convertiría en una realidad.

Los profetas hablaron de acuerdo con lo que el Espíritu de Dios les dijo que hablasen, porque el único que sabía cuándo vendría el Mesías era el Dios Padre. De igual manera en la actualidad, él es el único que sabe cuándo vendrá Cristo por segunda vez, según sus propias palabras: "Empero el día y la hora nadie sabe, ni aun los ángeles de los cielos sino sólo mi Padre" (Mateo 24: 36).

Pedro menciona dos elementos que fueron predichos por los profetas. Primero vendría el sufrimiento de Cristo y luego vendrían las glorias, es decir, su resurrección, su ascensión, los acontecimientos relacionados con su segundo advenimiento y la vida eterna.

1:12: *A éstas se les reveló que no para sí mismos, sino para nosotros, administraban las cosas que ahora os son anunciadas por los que os han predicado el evangelio por el Espíritu Santo enviado desde el cielo; cosas en las que anhelan mirar los ángeles*

Los profetas sabían que lo que ellos estaban profetizando tendría su cumplimiento en el futuro. Pedro afirma claramente que los profetas no escribieron para ellos mismos, es decir, que las profecías no se cumplirían en el tiempo en que los profetas vivían (Daniel 10:14), sino en el tiempo en el cual Pedro hablaba y para los lectores de su epístola, época del cumplimiento de lo que se había profetizado. Ahora no se trataba de profecías, sino del cumplimiento revelado por la mano de alguien que había sido testigo y discípulo del mismo Redentor del mundo.

El Espíritu Santo era quien inspiraba a los predicadores a hablar sobre lo que habían visto de Cristo y así se cumpliera lo que había sido dicho por los profetas hacía mucho tiempo atrás, inspirados también por el Espíritu Santo.

Pedro finaliza el versículo expresando cómo los ángeles están también interesados en ver el desarrollo del plan de salvación.

## EXHORTACIÓN A UNA VIDA SANTA

1:13: *Por tanto, ceñid los lomos de vuestro entendimiento, sed sobrios, y esperad por completo en la gracia que se os traerá cuando Jesucristo sea manifestado;*

El acto de ceñir los lomos era una costumbre del Medio Oriente que se refería a recoger los amplios pliegues de la vestidura y doblarlos hacia adentro del cinturón en preparación para el viaje (CBA p. 570). Pedro usa esta metáfora para exhortarlos a tener una mente clara y preparar sus pensamientos, y de manera equilibrada, estar alertas intelectual y espiritualmente. Los anima a esperar atentos a lo que han aprendido acerca de Jesús y no permitir que nada ni nadie desvié sus mentes de la esperanza que se tiene en el retorno de Jesús.

1:14: *como hijos obedientes, no os conforméis a los deseos que antes tenías estando en vuestra ignorancia;*

Los creyentes deben actuar como miembros de la familia de Dios, sujetos a sus estatutos, siendo luz y testimonio fiel en un mundo lleno de pecado.

Pedro exhorta a los creyentes a no regresar a las costumbres que tenían antes de conocer el Evangelio de Cristo, vivir de acuerdo con los deseos de la carne, mas ahora que conocen a Jesús deben vivir de acuerdo con la palabra de Dios.

Al hablar de "deseo" el apóstol se refiere a lo que el ser humano anhela tener, como cosas materiales. En sí mismo, este anhelo no es necesariamente malo si se le considera un medio para llegar a conseguir bienes, especialmente aquellos que se usan para el progreso de la obra de Dios o que pueden ser de bendición para uno mismo y los demás.

1:15: *sino, como aquel que os llamó es santo, sed también vosotros santos en toda vuestra manera de vivir*

El versículo por ser continuación del anterior inicia con la conjunción "sino", que introduce una idea con resultado contrario a lo que se presenta en el versículo anterior. Invita a no proseguir en el camino de la ignorancia que se tenía cuando no se conocía a Jesús, y añade lo que significa dejar ese camino: ser santos.

¿Qué es ser "santo"? Ser una persona de especial ejemplo y virtud o un objeto dedicado o consagrado a Dios (RAE). Así lo ilustra el siguiente versículo: "Para que os acordéis, y hagáis todos los mandamientos, y seáis santos a vuestro Dios" (Números 15: 40). Porque el cristiano en vez de mirar las cosas de este mundo debe mirar y buscar las cosas de Dios.

Dios es un Dios de justicia, de virtud y de santidad, y anhela que sus seguidores lleven una vida semejante. Una de las constantes exhortaciones de Pedro es a entregarse a Dios y a alejarse del estilo de vida mundano.

1:16: *porque escrito está: Sed santos, porque yo soy santo.*

Pedro alude al Antiguo Testamento al decir "escrito está". Un ejemplo es el siguiente versículo: "Habla a toda la congregación de los hijos de Israel, y diles: Santos seréis, porque santo soy yo Jehová vuestro Dios" (Levíticos 19-2). Pedro evoca un texto en el que el verbo "sed" está en modo imperativo, como forma de exhortación vehemente.

**1:17:** *Y si invocáis por Padre a aquel que sin acepción de personas juzga según la obra de cada uno, conducíos en temor todo el tiempo de vuestra peregrinación;*

El original griego no es una frase condicional, sino una afirmación: "Ya que invocáis" (CBA p. 571), pues Pedro tiene la certeza que los fieles a quienes dirige la carta invocan al Padre, y tienen la confianza de que es justo y juzga de forma imparcial, sin favoritismos, de acuerdo con lo que cada uno realizó en esta tierra.

La expresión que usa Pedro en este versículo, "conducíos con temor durante la estadía en esta tierra", infiere que no somos ciudadanos de este mundo, donde la vida es temporaria, ya que la verdadera ciudadanía está en la Tierra Nueva, pero para poseer esta ciudadanía debemos andar con reverencia haciendo todo lo recto ante Dios.

**1:18, 19:** *sabiendo que fuisteis rescatados de vuestra vana manera de vivir, la cual recibisteis de vuestros padres, no con cosas corruptibles como oro o plata, sino con la sangre preciosa de Cristo, como de un cordero sin mancha y sin contaminación,*

El cristiano debe entender que el temor y la reverencia hacia Dios no se deben mostrar por miedo al juicio que cada uno enfrentará, sino en gratitud por la certeza del rescate que realizó Dios de la esclavitud del pecado en que nos encontrábamos, herencia del pecado de la humanidad; sin embargo, Jesús vino y pagó esa liberación por cada uno de nosotros, no con oro o plata —como se hacía en la antigüedad por la liberación de un esclavo—, sino con la preciosa inocente sangre de Cristo Jesús, puro y sin pecado, la que nos ofrece vida eterna.

**1:20:** *ya destinado desde antes de la fundación del mundo, pero manifestado en los postreros tiempos por amor a vosotros,*

El plan de Redención ya había sido ideado desde antes de la creación del mundo, no fue un as que Dios se sacó de la manga cuando Adán y Eva pecaron. La encarnación de Cristo acababa de ocurrir. "Los postreros tiempos" de la profecía recién se habían cumplido, y los lectores de Pedro eran también la causa del sacrificio de Jesús. La profecía se mostraba abstracta, futura; sin embargo Cristo, llegado el tiempo se hizo carne (cita), real, presente.

1:21: *y mediante el cual creéis en Dios, quien lo resucitó de los muertos y le ha dado gloria, para que vuestra fe y esperanza sean en Dios.*

La fe y la esperanza del cristiano en Dios Padre están cimentadas en Jesús, mediante su resurrección de los muertos. Ésta es la garantía que poseen los santos (1 Corintios 15:51-54). Fueron la resurrección, su ascensión y recibimiento por Dios y los ángeles lo que le dan la gloria.

1:22: *Habiendo purificado vuestras almas por la obediencia a la verdad, mediante el Espíritu, para el amor fraternal no fingido, amaos unos a otros entrañablemente, de corazón puro;*

Pedro da a entender que cuando la Palabra de Dios y sus estatutos son aceptados se realiza un cambio en las vidas de los creyentes, y como resultado surge la obediencia, bajo la conducción del Espíritu Santo. El alma –la voluntad, los deseos y las pasiones se someten a la voluntad de Dios. Como fruto de lo anterior (Gálatas 5:22) se manifiesta el amor hacia el prójimo: un amor sincero, altruista, profundo y verdadero.

Pablo dice lo siguiente al respecto: "Amándoos unos a los otros con caridad (amor) fraternal: previniéndoos con honra los unos a los otros" (Romanos 12:10).

1:23: *Siendo renacidos, no de simiente corruptible sino incorruptible, por la palabra de Dios que vive y permanece para siempre.*

Al aceptar a Cristo se comienza una nueva vida surgida de la palabra de Dios (Mateo 13:3-9) que es sembrada en los corazones. Pedro declara que ese nuevo nacimiento no es corruptible, como el nacimiento carnal, sino de simiente incorruptible porque la palabra de Dios vive y permanece para siempre. Santiago expresa lo siguiente al respecto: "Él de su voluntad nos ha engendrado por la palabra de verdad para que seamos primicias de sus criaturas" (Santiago 1: 8 )

1:24: *porque toda carne es como la hierba, y toda la gloria del hombre como la flor de la hierba, la hierba se seca y la flor se cae;*

La analogía que hace Pedro entre la carne –la humanidad natural y frágil y los méritos que pueden tener sus obras– y la fugacidad y fragilidad de la hierba y la flor que se secan, mueren y caen, es muy ilustrativa.

1:25: *mas la palabra del Señor permanece para siempre. Y ésta es la palabra que por el evangelio os ha sido anunciada*

Después presenta el contraste entre lo anterior y la palabra de Dios –el mensaje o sus verdades– que son permanentes y eternas (Mateo 5:18). Isaías lo había dicho: "Secóse la hierba, marchitóse la flor; mas la palabra de Dios permanece para siempre" (Isaías 40: 8).

Es precisamente el mensaje eterno de Dios sobre el pecado y la salvación lo que constituyen las "buenas nuevas" o evangelio de la iglesia cristiana.

# Bibliografía:

Primera Epístola de san Pedro, comentario del capitulo uno La Santa Biblia, Antiguo y Nuevo Testamento, revisión de 1960. Antigua versión de Casiodoro de Reina, 1569..

Comentario Bíblico adventista.

8) Peter H. Davids. *La primera Epístola de Pedro.* Editorial Clie. Edición del 2004, Galvani, Barcelona. Cap. *Autoría,* pág. 38.

9) Ibíd., Cap. *Exposición y notas.* pág. 39

10) Ibid., pág. 41

11) Ibid., pág.90

# CAPÍTULO 6

## CAPÍTULO 2 DE PRIMERA EPÍSTOLA DE SAN PEDRO (comentario)

2:1: *"Desechando pues toda malicia, todo engaño, hipocresía, envidias y todas las detracciones"*

Dios desea efectuar una regeneración en el ser humano, y Pedro exhorta a quienes dirige esta carta, y desde luego a nosotros también como cristianos, a que experimentemos una vida nueva dejando todo el mal que hacíamos antes. Entre esas cosas o vicios nos recomienda abandonar o desechar los siguientes:

La maldad, término que el diccionario define como inclinación a hacer lo malo, perversidad y afición a hacer bromas pesadas. 1 Corintios 5:8 aconseja: "Así que hagamos fiesta, no en la vieja levadura, ni en la levadura de malicia y de maldad, sino en asimos de sinceridad y de verdad".

El engaño, hacer creer algo que es falso, estafar, engañar a su cónyuge, no querer ver la verdad. Lo cual infiere actuar de forma honesta y sincera. Esconder la verdad es un vicio que está arraigado en muchos de nosotros, pero debemos hacer todo lo posible por erradicarlo de nuestra vida con la ayuda de Dios.

La hipocresía, según el diccionario, es el fingimiento de cualidades y sentimientos contrarios a los que verdaderamente se tienen. De tal manera que es una simulación o engaño ante Dios y ante los hombres, lo cual, como cristianos, no debemos practicar nunca si en realidad estamos convencidos y convertidos en las cosas que hemos aprendido de Dios.

La envidia se puede describir como el deseo por tener algo que otra persona posee. Por ejemplo, Satanás sintió envidia por el poder que Dios tenía y quiso ser como él. En romanos encontramos la envidia enumerada entre varias demostraciones de actitudes negativas: *"Estando atestados de toda injusticia, fornicación, perversidad, avaricia, maldad, llenos de envidia, homicidio, contienda, engaño y malignidad"* (Romanos 1:29). Si uno tiene su mente en Cristo, pero en el corazón hay envidia, entra en contradicción con lo que se cree y se practica.

*2:2: Desead como niños recién nacidos la leche espiritual no adulterada, para que por ella crezcáis para la salvación eterna.*

Este versículo es una declaración muy bonita y muy real. Cuando los cristianos escuchan por vez primera y aceptan las buenas nuevas de Dios, se vuelven como niños recién nacidos en la Palabra divina. Entonces, despierta en ellos la curiosidad y el deseo por saber más, lo cual deberá ser llenado con conocimientos verdaderamente cristianos. A esto se refiere Pedro cuando habla de la leche espiritual no adulterada porque, si estos nuevos conocimientos no son verdaderamente bíblicos, el crecimiento espiritual va a ser muy raquítico y las bases muy débiles y posiblemente lleguemos muy pronto a morir de anemia espiritual. Y el deseo como cristianos debe ser el crecer cada día más y más en la verdadera palabra de Dios.

*2:3: Si es que habéis gustado la benignidad del Señor.*

Pedro se refiere a la bondad y la paciencia que el Señor muestra a cada uno de nosotros, cuando nos apartamos de la vida tan maligna que llevamos y nos convertimos en nuevas personas, con un nuevo estilo de vida. Si hemos gustado todas las cosas hermosas que el Señor ha hecho en nosotros entonces vivámoslas y disfrutémoslas al máximo.

# CRISTO PIEDRA PRINCIPAL DE LA EDIFICACIÓN ESPIRITUAL

2:4 *Acercaos a él, piedra viva desechada ciertamente por los hombres, mas para Dios escogida y preciosa.*

Pedro deja el tema de comida para recién nacidos, para hablarnos de la construcción de la vida espiritual, creando una metáfora con la piedra, cuando dice acercaos a él, piedra viva. Jesús no es un monumento o piedra muerta sino que es una piedra viva, porque fue muerto y resucitó, y vive para siempre.

Luego podemos observar dos cosas que dice Pedro sobre esta piedra: primero que fue desechada por los hombres, o sea que los constructores la analizaron y vieron que nos les era útil para el proyecto que ellos tenían y la desecharon. En un salmo encontramos una declaración semejante: "La piedra que desecharon los constructores ha venido a ser cabeza del Angulo" (Salmos 118: 22). Marcos también habla sobre esta piedra: "Ni aun esta escritura habéis leído: La piedra que desecharon los que edificaban, ésta es puesta por cabeza de esquina" (Marcos 12:10).

En segundo lugar vemos que Dios no efectúa la misma valoración que los hombres, pues para él es una piedra escogida y preciosa. Veamos lo que dice Isaías sobre esto: "Por tanto el Señor Jehová dice así: He aquí que yo fundo en

Sion una piedra, piedra de fortaleza de esquina, de precio, de cimiento estable: el que creyere no se apresure" (Isaías 28:16).

Pedro afirma que Cristo es la piedra angular, la base del cristianismo, la base de la iglesia de Dios, que no hay otro, aunque muchos no lo quieran aceptar. Y los que lo hemos reconocido hemos fundado nuestra fe y nuestra esperanza en una piedra viva que nadie podrá remover porque sus bases son para vida eterna (Efesios 2: 20).

**2:5:** *Vosotros también, como piedras vivas, sed edificados como casa espiritual y sacerdocio santo, para ofrecer sacrificios espirituales aceptables a Dios por medio de Jesucristo.*

Pedro continúa hablando de construcción y, cuando aceptamos el evangelio de Cristo, nos convertimos en edificadores y, a la vez, en las piedras vivas que forman parte del edificio mismo. Luego ser sacerdotes para oficiar dentro de esta edificación, lo cual es algo real porque cuando nos convertimos al cristianismo pasamos a ser miembros de una iglesia, donde podemos llegar a ser diáconos y ancianos. Si deseamos servir aún más al Señor, podemos llegar a ser pastores y oficiar en la iglesia, volviendo realidad la comparación de Pedro.

Los sacrificios espirituales a los que se refiere Pedro, si los llevamos a la actualidad, son el culto, la alabanza y la adoración que hacemos a Dios en nombre de Jesucristo.

**2: 6:** *Por lo cual también contiene la escritura: He aquí pongo en Sion la principal piedra del Angulo, escogida y preciosa; y el que creyere en él, no será avergonzado.*

En este versículo Pedro habla cosas muy similares a lo que había dicho Isaías en el capítulo 28: 16, versículo antes citado. Pero Efesios 2: 20 confirma claramente a Jesús como la Piedra Angular: *"Edificados sobre el fundamento de los apóstoles y profetas, siendo la principal piedra del Angulo Jesucristo mismo".*

**2:7:** *Para vosotros, pues los que creéis, él es precioso; pero para los que no creen, la piedra que los edificadores desecharon, ha venido a ser la cabeza del Angulo.*

Este pensamiento de Pedro expresa algo muy semejante a lo dicho por el salmista, quien afirmó: *"La piedra que desecharon los edificadores ha venido a ser cabeza del ángulo"* (Salmo 118: 22).

**2: 8:** *Y piedra de tropiezo, y roca que hace caer, porque tropiezan en la palabra, siendo desobedientes: a lo cual fueron también destinados.*

Estas palabras también repitan lo dicho por Isaías: *"Entonces él será por santuario; pero a las dos casas de Israel por piedra para tropezar, y por tropezadero para caer y por lazo y por red al morador de Jerusalén* (Isaías 8: 14).

Pedro continúa hablando de Cristo y la Piedra preciosa, quien, según sus palabras, puede ser un tropiezo para quienes se les presente esta oportunidad de conocer las buenas nuevas de Cristo Jesús y las rechacen. Dios nos otorga la oportunidad de conocer quién es él, cómo es y qué beneficios trae a nuestra vida si la vivimos en él, si aceptamos sus promesas y creemos firmemente con fe en lo que él nos promete. Sin embargo, el Señor no nos fuerza a rendir nuestra vida a él, pues de cada uno de nosotros depende aceptarlo o rechazarlo, porque él mismo nos dio el libre albedrío.

Si lo aceptamos con fe y con sinceridad veremos nuestro camino hacia el futuro despejado y caminaremos firmes y seguros, con destino y meta fijos en Cristo Jesús. Y si lo rechazamos será un tropiezo en nuestra vida y en nuestro camino presente, lo que antecederá a un mundo de maldad, problemas y nubarrones en el futuro, y nuestro destino y nuestra meta planeadas serás inseguras, e incluso inalcanzables.

Pedro afirma y reafirma varias veces que Cristo es la Piedra Angular, el fundamento sobre el cual esta edificada la iglesia y no sobre él mismo, como cree mucha gente y especialmente la iglesia Católica. Pedro fue un ser humano como cualquiera de nosotros, con muchos errores, y Dios no iba a edificar su iglesia sobre los fundamentos de un ser humano.

2:9: *Mas vosotros sois linaje escogido, real sacerdocio, nación santa, pueblo adquirido por Dios, para que anuncies las virtudes de aquel que os llamo de las tinieblas a luz admirable.*

Cuando aceptamos seguir a Cristo, experimentamos un ascenso muy grande en nuestra condición humana: nos convertimos en linaje escogido, perteneciente a una familia muy especial, la familia de Dios. Y no sólo eso, sino que también somos real sacerdocio del

Señor. Formamos parte de una corte real que sirve a un rey, que es Cristo Jesús. Ahora somos una nación santa, apartados, escogidos, adquiridos por Dios, su pueblo especial.

Debemos saber el propósito por el que fuimos adquiridos por Dios. Pedro nos dice que el fin es el de anunciar las buenas nuevas, las virtudes de aquel que nos llamó de las tinieblas a la luz, al mundo que, testigo de nuestra vida pasada, vive en la oscuridad. Ahora, cuando tenemos la oportunidad admirable de ver y vivir en un mundo nuevo, podemos mostrar a otros las maravillas de pertenecer a la familia de Dios.

Ese debe ser nuestro propósito y nuestra meta después de haber conocido a Cristo Jesús, para que muchas personas lo conozcan y entren a ese mundo maravilloso y admirable, lleno de promesas, si creemos y seguimos las enseñanzas de Cristo Jesús.

2: 10: *Vosotros que en otro tiempo no erais pueblo, pero que ahora sois pueblo de Dios; que en otro tiempo no habíais alcanzado misericordia, pero ahora habéis alcanzado misericordia.*

Cuando aceptamos las enseñanzas de Cristo y dejamos atrás todo lo que éramos antes de conocerlo, nos convertimos en el pueblo de Dios, título asignado en el Antiguo Testamento al pueblo de Israel, quienes se enorgullecían por saber que eran los únicos sobre la tierra considerados por Dios como su único pueblo. Pero ahora los cristianos somos reconocidos por él, y siempre que una persona se convierte con toda sinceridad al cristianismo pasa a formar parte de ese pueblo privilegiado de Dios. Si antes no habíamos alcanzado su misericordia, ahora gozamos de ella y disfrutamos de todas las bendiciones que tiene para su pueblo, al creer y aceptar sus promesas.

Si desea ser parte de este privilegiado pueblo de Dios, ingrese sin condición alguna y sea partícipe de esas ricas bendiciones que Dios tiene para usted.

Muy probablemente Pedro conocía el hermoso versículo del libro de Óseas (1: 9-10), al que Pablo también, en la carta a los Romanos, se había referido: *"Como también Óseas dice: llamaré pueblo mío al que no era mi pueblo, y a la no amada, amada. Y en el lugar donde se les dijo: "Vosotros no sois pueblo mío", allí serán llamados "hijos del Dios viviente"* (Romanos 9: 26).

# DEBERES DE LOS CREYENTES
# EL CRISTIANO Y LOS INCRÉDULOS

2: 11: *Amados yo os ruego, que como extranjeros y peregrinos, que os abstengáis de los deseos carnales que batallan contra el alma.*

'Extranjeros y peregrinos' es la frase con la que posiblemente Pedro se refiere a las personas originarias de Palestina que habitaban o se encontraban de paso en las regiones de Asia. Por este motivo, seguramente Pedro, conociendo esta situación, se dirige a ellos en esos términos. Pero él sabía que esta tierra no era ni es la residencia permanente para los cristianos, ni deben considerarse ciudadanos de esta Tierra. Sabemos que nuestra estadía aquí es temporal, por lo tanto debemos considerarnos extranjeros y peregrinos, porque nuestra residencia permanente es la patria celestial, donde viviremos eternamente con Cristo Jesús.

Pablo usa el término extranjeros en Efesios: *"Así que ya no sois extranjeros ni advenedizos, sino conciudadanos de los santos, y miembros de la familia de Dios"* (Efesios 2:19). También en Filipenses vuelve a referirse a este tema

Declarando que: nuestra ciudadanía se encuentra en los cielos: *"Mas vuestro ciudadanía está en los cielos, de donde también esperamos al Salvador, al Señor Jesucristo"* (Efesios 2: 20).

Pedro exhorta, no sólo a las personas a quienes dirige su carta, sino también a los que vivimos en el mundo actual, a abstenernos de los deseos carnales porque él sabía que para muchos es muy fácil caer en tales tentaciones. Hoy en día el ser humano está saturado de toda clase de propaganda que lo induce a cometer toda clase de abusos y lo aleja de la relación con Dios.

Pablo nos exhorta a andar correctamente: *"Digo, pues: andad en el espíritu, y no satisfagáis los deseos de la carne"* (Gálatas 5:16). *"Así que hermanos os ruego por las misericordias de Dios, que presentéis vuestro cuerpo en sacrificio vivo, santo, agradable a Dios, que es vuestro culto racional"* (Romanos 12:1).

2: 12: *Manteniendo buena vuestra manera de vivir entre los gentiles; para que los que murmuran de vosotros como malhechores, glorifiquen a Dios en el día de la visitación, al considerar vuestras buenas obras.*

Pedro nos exhorta a mantener un buen comportamiento para que, a través de buenos hechos, los incrédulos que viven alrededor nuestro puedan ver en el cristianismo una manera sana y ordenada de vivir, y que el Espíritu Santo por medio de nosotros pueda actuar en sus vidas y acepten al Señor.

En la época de Pedro los cristianos eran seres raros para la gente porque no participaban de las fiestas y reuniones paganas que ellos celebraban. Y desde esa época a la actual, especialmente donde los cristianos son una minoría   no ha variado mucho el criterio que de éstos tienen ellos. Muchos nos siguen mirando como seres raros y muchas veces evitan hablar con un cristiano, porque ellos piensan que tienen la verdad y que los cristianos somos los que estamos equivocados.

Pablo también se refiere a este tema en Filipenses, diciendo lo siguiente: "Para que seáis irreprensibles y sencillos, hijos de Dios, sin mancha en medio de una generación maligna y perversa, en medio de la cual resplandecéis como luminarias en el mundo" (Filipenses 2:15).

Mateo también afirma lo siguiente: "Así alumbre vuestra luz delante de los hombres, para que vean vuestras buenas obras, y glorifiquen a vuestro Padre que está en los cielos" (Mateo 5: 16).

# EL CRISTIANO Y EL ESTADO

**2:13:** *Por causa del Señor someteos a toda institución humana, ya sea al rey como a su superior.*

A través de la historia, la relación entre la religión y el estado se ha manifestado en tres diferentes alianzas. Una fusión muy fuerte es cuando el estado usa a la iglesia para su beneficio. En otro tipo de fusión la ventaja es para la iglesia, pues la usa para su propio beneficio. Y existe una tercera fusión donde tanto el estado como la iglesia ejercen su autoridad dentro de la esfera propia, sin interferir con el otro.

Si echamos un vistazo al antiguo Israel, podemos ver que en ese país no había ninguna división entre iglesia y estado, porque Israel tenía un gobierno teocrático, donde Jehová era el único gobernante o soberano a través de sus representantes, ya fueran jueces, reyes o profetas, quienes ejercían el poder civil y al mismo tiempo el poder religioso. 12

Todos debemos someternos a la autoridad civil sin que ésta traspase nuestras creencias religiosas, porque nada debe estar por encima de la autoridad de Dios. Él debe ser nuestra máxima autoridad.

Cristo nos dio el ejemplo cuando le preguntaron si era lícito o no pagar impuestos al Cesar: "Y le preguntaron diciendo: Maestro, sabemos que dices y enseñas rectamente, y que no haces acepción de personas, sino que enseñas el camino de Dios con verdad. ¿Nos es lícito dar tributo a Cesar o no? Y dice Jesús: ¿Por qué me tentáis? Mostradme la moneda. ¿De quién tiene la imagen y la inscripción? Y respondiendo dijeron: de Cesar. Y entonces Jesús les dijo: Dad al Cesar lo que es del Cesar y a Dios lo que es de Dios" (Lucas 20:21-25),

Pablo declara sobre el pago de tributos y el respeto a las autoridades: "Sométase toda persona a las autoridades superiores; porque no hay autoridad sino de parte de Dios, y las que hay por Dios han sido establecidas. De modo que quien se opone a la autoridad, a lo establecido por Dios, resiste; y los que resisten acarrean condenación para sí mismos… Pues por esto pagáis también los tributos, porque son servidores de Dios que atienden continuamente a esto mismo. Pagáis a todos lo que debéis: al que tributo, tributo; al que impuestos, impuestos; al que respeto, respeto; al que honra, honra" (Romanos 13:1-2, 6-7).

2: 14: *Ya a los gobernadores, como por el enviado para castigo de los malhechores y alabanza de los que hacen bien.*

No solamente debemos obedecer al rey y, en el caso de nuestros países, al presidente de la república, sino también a los gobernadores y alcaldes municipales porque ellos son designados por la voluntad de Dios.

son los que imparten la autoridad inmediata. Y sin acepción de personas o credo religioso, debe ser castigado todo el que haga mal.

Pablo, en Romanos, afirma: "Porque es servidor de Dios para tu bien. Pero si haces lo malo, teme, porque no en vano lleva la espada, pues es servidor de Dios, vengador para castigar al que hace lo malo" (Romanos 13:4).

2:15: *Porque esta es la voluntad de Dios: que haciendo bien, hagáis callar la ignorancia de los hombres insensatos.*

Como todos sabemos, la voluntad de Dios para su pueblo es que hagamos el bien, no solamente obedeciendo a las autoridades civiles sino efectuando obras comunitarias, ayudando a las personas más necesitadas y realizando obras caritativas, para que hagáis ver a estas personas que no creen en Dios la ignorancia en que están al percibir una conducta errónea de los cristianos.

Pablo en su carta a Tito nos dice lo siguiente: "Palabra sana e irreprochable, de modo que el adversario se avergüence y no tenga nada que decir de vosotros" (Tito 2: 8).

2:16: *Como libres, pero no como los que tienen la libertad como pretexto para hacer lo malo, sino como siervos de Dios.*

Pedro corrobora lo que dijo Cristo y Mateo escribió: "Sed, pues, vosotros perfectos, como vuestro padre que está en los cielos es perfecto" (Mateo 5:48).

Pedro nos advierte de todos los vicios mundanales que pueden esclavizarnos ahora que somos libres. Nos aconseja no abuzar de esa libertad y evitar la inclinación a hacer cosas malas, sino hacer todo lo bueno como verdaderos hijos de Dios.

2:17: *Honrad a todos. Amad a los hermanos. Temed a Dios. Honrad al rey.*

Como cristianos, no solamente debemos honrar al rey o al presidente sino a todo ser humano, aun si no creen en Dios, porque han sido creados por él a su imagen y semejanza. Los cristianos se deben amar unos con otros, manteniendo la camaradería y el amor.

En el libro de Santiago encontramos la siguiente declaración: "De una misma boca se pronuncia maldición y bendición. Hermanos míos esto no debe ser así. ¿A caso alguna fuente hecha por una misma abertura agua dulce y amarga?" (Santiago 3: 10-11).

# EL SIERVO Y SU AMO

2: 18: *Criados, estad sujetos con todo respeto a vuestros amos; no solamente a los buenos y afables, sino también a los difíciles de soportar.*

Con estas palabras Pedro se refiere a los criados, entre quienes posiblemente estaban incluidos los esclavos; en la actualidad se referiría de todos los que somos empleados y tenemos un jefe, es decir, la mayoría del pueblo.

La esclavitud, en la época del Antiguo Testamento y en la de Cristo y los apóstoles, era muy común. Los esclavos, debido a su situación económica y su raza, eran comprados por las personas pudientes, y debían llevar a cabo toda clase de trabajo que sus amos o patrones les ordenaran.

El Antiguo Testamento registra un texto en que se alude a los esclavos, cuando Dios le habló a Abrahán: "Y de edad de ocho días será circuncidado todo varón entre vosotros por vuestras generaciones; el nacido en casa, y el comprado por dinero a cualquier extranjero que no fuese de tu linaje" (Génesis 17:12).

Pedro nos exhorta a ser respetuosos con nuestros jefes, lo cual es necesario, porque seamos cristianos o no, nuestro comportamiento hacia nuestros superiores debe ser de obediencia y respeto, con referencia a lo que corresponde a nuestro trabajo. Pero Pedro va más lejos aún y nos dice que incluso a los que sean difíciles de soportar debemos estar sujetos. Hay muchos jefes de esta clase, a veces nada fáciles de sobrellevar. Él nos pide que hagamos todo lo posible, y yo pienso que hasta lo imposible, para soportar jefes tan incomprensibles, porque amar a nuestro prójimo como a nosotros mismos es el mandato divino.

Para Cristo y los apóstoles todos los seres humanos eran iguales, lo que Pablo confirma en Gálatas: "Ya no hay judío ni griego; no hay esclavo ni libre; no hay varón ni mujer; porque todos vosotros sois uno en Cristo Jesús" (Gálatas 3: 28).

2:19: *Porque esto merece aprobación, si alguno a causa de la conciencia delante de Dios, sufre molestias, padeciendo injustamente.*

Pedro pide que si alguno sufre humillaciones y desprecio por parte de jefes incompresibles, lo acepten con paciencia, ya que el mismo Jesús fue humillado y abofeteado, y todo lo soportó por amor a su Padre y por amor a nosotros.

2:20: *Pues ¿qué gloria es si pecando sois abofeteados, y lo soportáis? Mas si haciendo lo bueno sufrís y lo soportáis, esto ciertamente es aprobado por Dios.*

Pedro vuelve a hablarnos del sufrimiento y nos pregunta qué mérito hay cuando hacemos un mal o cometemos un delito y somos castigados en alguna forma por ese error. A Dios no le agrada ni lo acepta como un sacrificio para él. En cambio, si haciendo el bien somos castigados sin ningún motivo, eso va hacer bien recibido por Dios. Quiero aclarar que no es que a Dios le guste ver sufrir al cristiano. Eso nunca, sino que aquellas personas que padecen algún sufrimiento por seguirlo a él, Dios lo ve como un sufrimiento hecho por él.

Cuando el Imperio Romano obligaba a los cristianos a pelear contra fieras salvajes, como leones y tigres, para el público romano, incluyendo al emperador, era una gran diversión. Dios sabía que ellos, sin haber cometido ningún delito, estaban siendo sometidos a un martirio muy cruel y a una muerte salvaje por el único hecho de seguir su palabra.

## CRISTO ES NUESTRO EJEMPLO

2:21: *Pues para esto fuimos llamados; porque también Cristo padeció por nosotros, dejándonos ejemplo, para que sigamos sus pisadas.*

Fuimos llamados de las tinieblas a la luz por Dios, pero ese llamamiento fue y es con el fin de dar a conocer las buenas nuevas de Cristo Jesús. Pero así como Cristo tuvo que sufrir antes de ver la gloria, muchos de nosotros como cristianos posiblemente tengamos que sufrir alguna persecución o cualquier otra clase de sufrimiento antes de ver la gloria con Cristo Jesús.

Pedro nos insta a seguir las pisadas de Cristo Jesús. Ojala pudiéramos caminar como él caminó, y dar a conocer sus enseñanzas, pues es lo mejor que podemos hacer para él. Así nos lo dio a entender Cristo, cuando dijo: "Entonces Jesús dijo a sus discípulos: Si alguno quiere venir en pos de mí, tome su cruz y sígame" (Mateo 16:24).

2:22: *El cual no hizo pecado ni se halló engaño en su boca.*

Creo que Pedro basó este versículo en un verso muy similar de Isaías: "Y se dispuso con los impíos su sepultura, mas con los ricos fue en su muerte; aunque nunca hizo maldad, ni hubo engaño en su boca" (Isaías 53:9).

Jesús fue inocente ante las leyes civiles y, especialmente, ante Dios. Él encarnaba la verdad ante Dios y ante el mundo

2:23: *Quien cuando lo maldecían, no respondía con maldición: cuando padecía, no amenazaba, sino encomendaba la causa al que juzga justamente.*

Lo más importante de estos versículos sobre el sufrimiento de Jesús es que siendo inocente, fue azotado, abofeteado y escupido, y no tuvo ninguna reacción con palabras o hechos contra sus enemigos. Algo muy diferente hubiera ocurrido con cualquier otro ser humano ante semejantes crueldades y atropellos. Jesús calladamente sufrió todo, poniendo en práctica lo que él mismo había predicado: "Amad, pues, a vuestros enemigos y haced bien, y prestad, no esperando por ello nada; y será vuestro galardón grande y seréis hijos del Altísimo, porque él es benigno para los ingratos y malos" (Lucas 6:35).

Isaías había predicho muchos años antes acerca del sufrimiento de Jesús y su comportamiento: "Angustiado él, afligido, no abrió su boca: como cordero fue llevado al matadero: y como oveja delante de sus trasquiladores, enmudeció y no abrió su boca" (Isaías 53:7).

2:24: *Quien llevo él mismo nuestros pecados en su cuerpo sobre el madero, para que nosotros estando muertos a los pecados vivamos a la justicia: y por cuyas heridas fuisteis sanados.*

El significado de este versículo es inmenso: Cuando aceptamos seguir a Cristo Jesús, todos nuestros pecados pasados, por más graves que sean, quedan perdonados. Por lo tanto debemos olvidarlos y seguir una vida nueva, y no repetir las malas acciones que vivíamos antes de conocer a Cristo Jesús.

El profeta Isaías había profetizado lo que sucedería con Cristo y que su muerte nos redimiría: "Mas él fue herido por nuestras rebeliones, molido por nuestros pecados; el castigo de nuestra paz fue sobre él, y por sus llagas fuimos nosotros curados. Por tanto yo le daré parte con los grandes, y con los fuertes repartirá despojos; por cuanto derramó su vida hasta la muerte, y fue contado con los pecadores, habiendo él llevado el pecado de muchos y orado por los trasgresores" (Isaías 53:5,12).

2:25: *Porque vosotros erais como ovejas descarriadas, pero ahora habéis vuelto al Pastor y Obispo de vuestras almas.*

Estando nosotros perdidos y hundidos en el pecado, ha llegado Cristo a nuestras vidas limpiándonos de toda la inmundicia del pecado que arrastrábamos, y ahora hemos vuelto al Pastor y Obispo de nuestras almas. Antes no teníamos un guía, pero ahora que conocimos a Cristo, tenemos nuestro guía, nuestro Pastor.

## Bibliografía:

Primera Epístola de Pedro, comentario del capítulo 2, Santa Biblia, Antiguo y Nuevo Testamento, revisión 1960, antigua versión de Casiodoro de Reina 1569.

120) David S. Dockery, *Comentario Bíblico conciso* Colman. Editor general: 12 ) David S. Dockery, traducido al español por Norma C. Deiros. Publicado por: Broadman y Colman Publisher. Edición 2005, Nashiville, Teennessee, USA. *Iglesia y Estado*, Pág. 636

# CAPÍTULO 7

# PRIMERA EPISTOLA DE SAN PEDRO
# CAPITULO 3 ( comentario)

## MARIDO Y MUJER

3:1,2: *Asimismo vosotras, mujeres, estad sujetas a vuestros maridos; para que también los que no creen a la palabra, sean ganados sin palabra por la conducta de sus esposas, considerando vuestra conducta casta y respetuosa.*

Pedro deja el tema del sufrimiento de Cristo y de los cristianos, y toma un tema muy importante en las relaciones humanas: la relación que debe existir dentro del matrimonio.

Inicia el capítulo dirigiendo la palabra a las mujeres cuyos maridos no son cristianos. En la época cuando escribe Pedro, el esposo era el jefe de la familia y se daba por sentado que si él era cristiano, toda la familia debía serlo. Era difícil mantenerse firme en la nueva religión si el marido se mantenía incrédulo. La recomendación a las esposas de obedecer a sus esposos no significaba que permitieran que esa obediencia interfiriera en su libertad religiosa y en su derecho a practicar la religión que ellas quisieran, y pudieran asistir a los cultos y otras reuniones de su congregación.

Cabe hacer notar que la manera que recomienda Pedro para que los maridos incrédulos pudieran, y puedan en esta época, ser traídos a los pies de Cristo es mediante un testimonio de conducta paciente, pura, respetuosa y apacible, no de palabras, para evitar sermones y discursos que pudieran crear solo rebeldía hacia las cosas de Dios.

3:3: *Vuestro atavío no sea el externo de peinados ostentosos, de adornos de oro o de vestidos lujosos,*

Pablo aconseja en contra del arreglo personal que requiere inversión de mucho dinero y tiempo, que sólo llama la atención vanidosa hacia el aspecto exterior de la persona y que va en contra de principios de modestia, recato y sencillez. Más bien el apóstol llama a una vida cuyo principal atractivo sea la conducta cristiana.

3:4: *sino el interno, el del corazón, en el incorruptible ornato de un espíritu afable y apacible, que es de grande estima delante de Dios.*

Pedro contrapone el seguir una moda superficial y lo que es realmente de valor: un carácter recto. El tiempo invertido en la edificación de éste a la semejanza del carácter de Cristo es una inversión para la eternidad.

El ornato valioso es la disposición de la mente, la sencillez, la tranquilidad y la paciencia mostradas ante las diferentes circunstancias de la vida. Todas estas cualidades son las valoradas por Dios.

3:5: *Porque así también se ataviaban en otro tiempo aquellas santas mujeres que esperaban en Dios, estando sujetas a sus maridos;*

Pedro utiliza como ejemplo a las mujeres del Antiguo Testamento para animar a las esposas de su época, las cuales, mientras esperaban cumplirse las promesas divinas, mantenían una disposición humilde y sumisa ante Dios y sus maridos.

3:6: *como Sara obedecía a Abrahán, llamándole señor; de la cual vosotras habéis venido a ser hijas, si hacéis el bien, sin temer ninguna amenaza.*

Para los judíos, Sara era un ejemplo a seguir; era considerada como una madre perfecta. Llamaba a Abrahán, su esposo, "mi señor", término que en la época del antiguo Israel denotaba obediencia. Si las mujeres cristianas seguían el ejemplo de Sara, comportándose con recato, sometimiento y modestia, podrían ser llamadas sus hijas, no importando que no fueran judías de sangre. 13

Si las mujeres cristianas seguían una vida dependiente de Dios, no habría motivos para temer; tendrían la certeza de criar a sus hijos por el buen camino sin temor a la influencia de un esposo o una comunidad incrédula.

3:7: *Vosotros, maridos, igualmente, vivid con ellas sabiamente, dando honor a la mujer como vaso más frágil, y como a coherederas de la gracia de la vida, para que vuestras oraciones no tengan estorbo.*

Pedro se dirige a los esposos, ya que no se esperaba ni se espera menos de ellos que de las mujeres. Vivir con las esposas sabiamente se refiere a mostrar un buen juicio y consideración hacia ellas; cumplir con los deberes y responsabilidades del matrimonio, sin someterlas a exigencias irracionales ni caprichosas, sino con respeto.

Pedro resalta que la mujer, como ser más débil físicamente, requiere de consideración especial; sin embargo, no porque sea más frágil significa que no sea de igual estima que el hombre ante los ojos de Dios, ya que hombres y mujeres son coherederos de la vida eterna ofrecida por Cristo.

El versículo finaliza exhortando al hombre a tratar bien a su esposa, para que sus peticiones se eleven hasta el trono de Dios; sin embargo, si el hombre no manifiesta un carácter cristiano en su trato con su esposa, sus peticiones no serán escuchadas por el Creador.

La palabras de Pedro encontraron eco en las de Pablo: "Maridos, amad a vuestras esposas así como Cristo amó a la Iglesia y se entregó a sí mismo por ella" (Efesios 5: 25).

# UN REPASO A LA CONDUCTA CRISTIANA

**3:8** *Finalmente, sed todos de un mismo sentir, compasivos, amándoos fraternalmente, misericordiosos y amigables;*

Pedro, al referirse a "todos", aconseja a la comunidad cristiana de toda época a estar en comunión y en armonía, aun en la diversidad de opiniones. Enumera luego formas de demostrar ese "mismo sentir": ser solidarios con los sentimientos de otros; amarse los unos a los otros; mostrar un corazón compasivo, además de humildad y bondad.

**3:9:** *no devolviendo mal por mal, ni maldición por maldición, sino por el contrario, bendiciendo, sabiendo que fuisteis llamados para que heredaseis bendición.*

Pedro alude de nuevo a lo que Cristo había aconsejado evitar: la ley del talión del Antiguo Testamento, cobrar *ojo por ojo y diente por diente;* a no insultar (Mateo 5:44), sino a desear el bien a quienes les deseaban el mal (Romanos 12:17). El cristiano está llamado a hacer el bien a los demás, no sólo para recibir las bendiciones celestiales, sino para ser una bendición para los demás, que es en donde radica la verdadera felicidad del cristiano.

**3:10:** *Porque el que quiere amar la vida y ver días buenos, refrene su lengua del mal, y sus labios no hablen engaño;*

Pedro se refiere en este versículo al mismo concepto del Salmo 34:12, 13: "¿Quién es el hombre que desea vida, que desea muchos días para ver el bien? Guarda tu lengua del mal y tus labios de hablar engaño". "Amar la vida" o "desear la vida" se refiere a disfrutar la vida presente; vivir mucho y feliz, lo cual significa guardar buenas relaciones con los demás.

Las recomendaciones que Pedro hace en contra de hablar imprudentemente también están relacionadas con los problemas con otras personas. Por eso pide que se refrene la manera de hablar, ya que esto traerá buenos días y bendiciones de Dios.

3:11: *Apártese del mal, y haga el bien; busque la paz y sígala.*

Pedro sigue aludiendo al Salmo 34, versículo14. Enfatiza que no es suficiente con apartarse del mal, sino buscar hacer lo recto, el bien. El cristiano, además, debe ser pacificador, no usar la fuerza, sino buscar la dirección divina a fin de resolver inteligente y sabiamente los problemas, con paciencia y calma.

3:12: *Porque los ojos del Señor están sobre los justos, y sus oídos atentos a sus oraciones, pero el rostro del Señor está contra aquellos que hacen el mal.*

Ahora Pedro se refiere al Salmo 34: 15, utilizando una forma poética hebrea común: el paralelismo antitético, en el que, para resaltar una idea, se utiliza otra contraria a la primera. Dios cuida y ve con agrado al que hace su voluntad, sin embargo está a disgusto o "en contra" de los que actúan con malicia.

3:13: *¿Y quién es aquel que os podrá hacer daño, si vosotros seguís el bien?*

Pedro hace una pregunta a la cual no da respuesta; sin embargo, ésta debería ser "nadie", pues se espera que alguien que hace el bien y guía su conducta por los principios cristianos no tendrá enemigos que busquen hacerle mal (Romanos 8:33-35); Dios estará de su parte y contra el poder de Dios no hay ningún enemigo que pueda. Aunque padezca males en esta tierra, la recompensa será eterna.

3:14: *Mas también si alguna cosa padecéis por causa de la justicia, bienaventurados sois. Por tanto, no os amedrentéis por temor de ellos, ni os conturbéis,*

El hecho de ser cristianos, creer en Dios y obrar bien, no nos va a librar del sufrimiento mientras estemos en esta tierra, según nos da a entender Pedro en este versículo. Este sufrimiento es el que puede enfrentar una persona debido a sus creencias religiosas. Tal vez sea persecución o discriminación u otra clase de abusos. El apóstol Pedro anima a no entristecerse ni inquietarse, por el contrario, es razón para sentirse bienaventurados, como Jesús lo expresó: "Bienaventurados los que padecen persecución por causa de la justicia, porque de ellos es el reino de los cielos. Bienaventurados sois cuando por mi causa os vituperen y os persigan, y digan toda clase de mal contra vosotros, mintiendo" (Mateo 5: 10-11).

**3:15:** *sino santificad a Dios el Señor en vuestros corazones, y estad siempre preparados para presentar defensa, con mansedumbre y reverencia ante todo el que os demande razón de la esperanza que hay en vosotros;*

Pedro, contrastando la última parte del versículo anterior, exhorta al cristiano a reverenciar al Señor con sinceridad y a estar preparado para defender y dar testimonio de Dios, y responder con suavidad a cualquier pregunta que se nos haga sobre su fe. El Espíritu Santo se encargará de traer a la mente las repuestas adecuadas, como lo expresó Cristo: "No os preocupéis por cómo o qué hablaréis; porque os será dado en aquella hora lo que habéis de hablar. Porque no sois vosotros los que habláis, sino el Espíritu de vuestro Padre el que habla en vosotros" (Mateo 10: 19-20).

**3:16:** *teniendo buena conciencia, para que en lo que murmuran de vosotros como malhechores, sean avergonzados los que calumnian vuestra buena conducta en Cristo.*

La conciencia de lo bueno o la buena conciencia de todo cristiano depende de la relación que tenga con Cristo. Y de ésta, a su vez, depende cómo reaccionemos ante los que calumnian y acusan falsamente a los seguidores de Jesús. Esos acusadores serán avergonzados cuando comprueben y se den cuenta de que estaban errados.

**3:17:** *porque mejor es que padezcáis haciendo el bien, si la voluntad de Dios así lo quiere, que haciendo el mal.*

Mejor ejemplo que Jesús para ilustrar este texto, como aparece en el siguiente versículo, no puede haber. Como él, su fiel seguidor debe preferir sufrir las consecuencias por hacer el bien, antes que hacer el mal.

**3:18:** *Porque también Cristo padeció una sola vez por los pecados, el justo por los injustos, para llevarnos a Dios, siendo a la verdad muerto en la carne, pero vivificado en espíritu;*

Jesús, siendo justo murió por los injustos, para llevarnos ante la presencia de Dios Padre y así abolir el abismo que había entre los que no eran judíos y Dios. Se levantó victorioso de la tumba, hecho que le dio toda la autoridad de declarar las palabras de ánimo para sus seguidores: "Confiad, yo he vencido al mundo" (Juan 16:33).

**3:19:** *en el cual también fue y predicó a los espíritus encarcelados,*

Las palabras "en el cual" se presentan un tanto ambiguas. Los comentaristas bíblicos no han logrado llegar a un acuerdo en cuanto a qué se refieren exactamente, pero aquí se presentan las más aceptadas.

Una simple interpretación afirma que Jesús, después de su resurrección, fue a algún lugar donde estaban los espíritus encarcelados y les predicó. 14

Una segunda interpretación expresa de forma metafórica que Cristo predicó a los espíritus caídos en la prisión del diablo –a los pecadores atrapados en las garras de Satanás.

La tercera, tomando en cuenta el versículo que le sucede, es que Cristo predicó a las personas antediluvianas, a través de Noé (CBA, p. 591), según aparece en el versículo siguiente del capítulo.

**3:20:** *los que en otro tiempo desobedecieron, cuando una vez esperaba la paciencia de Dios en los días de Noé, mientras se preparaba el arca, en la cual pocas personas, es decir, ocho, fueron salvadas por agua.*

En la época de Noé, la gente tomó la decisión deliberada de rechazar el mensaje, ya que poseían suficiente inteligencia para discernir la luz que recibieron a través del patriarca. En esas circunstancias, Dios, por amor a sus criaturas, esperaba misericordiosamente a que reaccionaran (2 Pedro 3:9).

Pedro menciona que sólo ocho personas fueron salvadas en el arca "por agua", lo cual es una clara alusión a la salvación –de un grupo selecto– que traen las aguas del bautismo, gracias a la resurrección de Cristo (versículo 21).

*3:21: El bautismo que corresponde a esta hora nos salva (no quitando las inmundicias de la carne, sino como la aspiración de una buena conciencia hacia Dios) por la resurrección de Jesucristo,*

Por el bautizo por inmersión fue bautizado Jesús en el Río Jordán, y es al que se refiere Pedro, ya que era el tipo de bautizo que conocía. Él hace énfasis en que esta clase de bautizo, como muestra de que aceptamos y estamos dispuestos a seguir la palabra de Dios, nos limpia de maldad, a través de la victoria de Jesús sobre el pecado y la muerte. "Acerquémonos con corazón sincero, en plena certidumbre de fe, purificados los corazones de mala conciencia, y lavados los cuerpos con agua pura" (Hebreos 10: 22).

*3:22: quien habiendo subido al cielo está a la diestra de Dios; y a él están sujetos ángeles, autoridades y potestades*

Pedro termina este capítulo hablando de la ascensión de Cristo (Hechos 1:9). Comenta tres aspectos muy importantes: la primera es que Cristo resucitó y subió a los cielos. La segunda es que está sentado a la diestra de Dios Padre, con el poder real y la autoridad total, intercediendo por nosotros (Romanos 8:34). Y la tercera es que posee el dominio sobre todos los seres creados. El Salmista ya había hablado de la autoridad de Cristo Jesús: "Lo hiciste enseñorear de las obras de tus manos: todo lo pusisteis debajo de tus pies" (Salmos 8:6).

## Bibliografía:

Primera Epistola del apostol Pedro, comentario del capitulo tres. La Santa Biblia, Antiguo y Nuevo Testamento, revisión de 1960, Antigua versión de Casiodoro de Reina 1569.

13) Peter H. Davids, *La primera Epístola de Pedro* (comentario). Editorial Clie, Terrassa ( Barcelona ) traducida al español por Dorcas González Bataller, Edición 2004, capítulo 3, pág. 168 y 169, conducta de las mujeres.

14) Ibíd., Pág. 189 y 190.

# CAPÍTULO 8

## PRIMERA EPISTOLA DE SAN PEDRO
## CAPITULO 4 (comentario)

## EXHORTACIÓN A CUMPLIR EL DEBER

4:1: *Puesto que Cristo ha padecido por nosotros en la carne, vosotros también armaos del mismo pensamiento; pues quien ha padecido en la carne, terminó con el pecado.*

Pedro inicia este capítulo recalcando nuevamente el sufrimiento de Cristo en carne propia, lo cual debe servirnos de ejemplo para cuando padezcamos persecución o problemas por nuestras creencias religiosas.

Por otra parte, si logramos controlar los deseos que experimentamos como seres humanos, nuestro caminar hacia la eliminación del pecado irá avanzando rápidamente. Pueda que no logremos eliminarlos totalmente, pero cada día iremos viendo más luz y más claridad. Algunos son capaces de apartar esta carga con mayor rapidez, mas otros seguramente tomaran más tiempo, pero esto va a depender de la fe y sinceridad conque experimentemos el proceso y de cuán cerca estemos de Cristo, siguiéndolo como nuestro ejemplo en todo. Por eso Pedro nos aconseja "armaos del mismo pensamiento", que no es otra cosa sino fortalecernos espiritualmente teniendo en mente a Cristo para que podamos vencer las tentaciones de la carne y luchar contra el pecado.

*4:2: Para no vivir el tiempo que resta en la carne, conforme a las concupiscencias de los hombres sino conforme a la voluntad de Dios.*

En nuestra vida se nos presentan dos caminos para transitar: seguir amando todas las cosas de este mundo de acuerdo con los deseos de nuestro cuerpo humano y haciendo todo lo que vemos que los demás hacen; o adaptarnos a una vida cristiana, sana y ordenada, tratando de evitar hacer lo que el mundo nos propone, teniendo como ejemplo la vida de Cristo y haciendo la voluntad de Dios.

Pablo nos dice lo siguiente sobre esto: "Con Cristo estoy juntamente crucificado, y ya no vivo yo, mas vive Cristo en mí; y lo que ahora vivo en la carne, lo vivo en la fe del Hijo de Dios, el cual me amó y se entregó a sí mismo por mí" (Gálatas 2: 20).

*4:3: Basta ya el tiempo pasado para haber hecho lo que agrada a los gentiles, andando en lascivias, concupiscencias, embriagueces, orgías, disipación y abominables idolatrías.*

Está muy claro lo que pide Pedro a quienes dirige esta carta, incluyéndonos a nosotros. Seguramente antes de entregar nuestras vidas a Cristo andábamos en *embriagueces, lascivias, concupiscencias* y Adorando a Dioses que no oyen ni ven, a los que Pedro llama la *abominable idolatría,* que para Dios es aborrecible porque es cambiarlo por un objeto.

Pablo también declara acerca de este tema: "Esto pues, digo y requiero en el Señor: que ya no andéis como los otros gentiles, que andaban en la vanidad de su mente. Teniendo el entendimiento entenebrecido, ajenos de la vida de Dios por la ignorancia que en ellos hay, por la dureza de su corazón. Los cuales, después que perdieron toda sensibilidad, se entregaron a la lascivia para cometer con avidez toda clase de impureza" (Efesios 4:17-19).

**4:4:** *A estos les parece cosa extraña que vosotros no corráis con ellos en el mismo desenfreno de disolución, y os ultrajan.*

Si nosotros hemos cambiado realmente nuestro comportamiento, después de haber conocido a Cristo, nuestros vecinos y amigos verán en nosotros una gran diferencia, porque ya no participaremos en las reuniones de embriaguez, ni asistiremos a reuniones de idolatría. Todo ello parecerá algo anormal a nuestros vecinos y amigos, y comenzaran a mirarnos y a tratarnos con algo de indiferencia o como a personas un poco raras. Pero también verán que hemos cambiado para bien.

**4:5:** *"Pero ellos darán cuenta al que está preparado para juzgar a los vivos y a los muertos".*

Algunos cristianos nos sentimos incómodos cuando nos discriminan por nuestras creencias religiosas, lo que sucede especialmente donde los cristianos son una minoría. Y nos preguntamos por qué Dios permite todo esto y pensamos que no debía suceder, porque si estamos con Dios ¿quién contra nosotros? Sin embargo, si pensamos un poquito más, los que van a estar en problemas son ellos porque Dios los juzgará de acuerdo con sus actos, tanto a vivos como a muertos.

Pablo añade lo siguiente: "Y nos mandó que predicásemos al pueblo, y testificásemos que él es el que Dios ha puesto por juez de vivos y muertos" (Hechos 10: 42).

**4:6:** *Porque por esto también ha sido predicado el evangelio a los muertos, para que sean juzgados en carne según los hombres, pero vivan en espíritu según Dios*

Al estudiar este versículo cualquiera se preguntaría cómo puede ser que el evangelio es predicado o ha sido predicado a los muertos, si un muerto no oye ni ve ni entiende, porque simplemente no está vivo. Pero una de las explicaciones más acertadas de que el evangelio fue predicado a vivos y muertos es que cuando se refiere al término muertos no quiere decir que estaban o están físicamente muertos, sino que están espiritualmente muertos porque no han aceptado a Dios en su corazón, y para Dios es como si estuvieran muertos. Por eso, cuando una persona acepta el evangelio y es bautizado, se considera que ha tenido un renacimiento en su vida.

Jesús habló con Nicodemo sobre el nuevo nacimiento: "Había un hombre de los fariseos que se llamaba Nicodemo, un principal entre los judíos. Éste vino a Jesús de noche, y le dijo: Rabí, sabemos que has venido de Dios como maestro; porque nadie puede hacer estas señales que tú haces sino está Dios con él. Y respondió Jesús y le dijo: de cierto, de cierto te digo, que el que no naciere de nuevo no puede ver el reino de Dios. Nicodemo le dijo: ¿Cómo puede un hombre nacer siendo viejo? ¿Puede acaso entrar por segunda vez en el vientre de su madre y nacer? Respondió Jesús: De cierto, de cierto te digo, que el que no naciere de agua y del espíritu, no puede entrar en el reino de Dios" (Juan 3: 1-5).

4:7: *Mas el fin de todas las cosas se acerca: sed pues sobrios, y velad en oración.*

El fin de todas las cosas se acerca, y Pedro nos recomienda ser mesurados, prudentes y estar atentos a esta realidad velando en oración para que no entremos en tentación. Como un vigilante permanece atento a cualquier movimiento raro y se comunica con su centro de operaciones, así debemos estar nosotros, hasta el final, alerta contra cualquier tentación que nos presente el enemigo y comunicarnos constantemente por medio de la oración con nuestro centro de operaciones, que es Cristo Jesús.

Pablo también nos llama la atención sobre esto: "Y esto conociendo el tiempo que es ya hora de levantarnos del sueño, porque ahora está más cerca de nosotros nuestra salvación que cuando creímos" (Romanos: 13: 11).

4:8: *Y ante todo, tened entre vosotros ferviente amor; porque el amor cubrirá multitud de pecados.*

Pedro habla de un elemento muy importante: el amor. Si tenemos amor nuestras relaciones con otras personas van a ser con amor, con generosidad, y a cualquier persona con que hablemos podremos darle amor. Pero si no tenemos amor, nuestras relaciones se presentarán con pleitos, discusiones y disgustos. El amor cubre multitud de pecados o faltas. Muchos se preguntarán: Pero, ¿cómo va a cubrir muchos pecados? La respuesta es: en primer lugar hay que diferenciar entre la palabra cubrir y perdonar. El amor de Dios perdona todos los pecados y el amor del ser humano los cubre. Es decir, si nos ofenden o nos hacen algún mal, respondemos con amor, no entramos en discusión o en pelea y en esa forma pronto ponemos punto final a la discusión o mal que se experimenta. Pero si no tenemos amor la actitud va a ser diferente. Proverbios dice: "El odio despierta rencillas, mas el amor cubrirá todas las faltas" (Proverbios 10: 12).

4: 9: *Hospedaos los unos a los otros sin murmuración.*

Otro aspecto importante para Pedro era el de la hospitalidad. Él creía que si había amor sería fácil para los cristianos practicar la hospitalidad, especialmente en esa época en que se viajaba frecuentemente de una ciudad a otra. Para ellos era muy importante que hubiera alguien de sus mismas creencias cristianas y así sentirse mucho más cómodos y con más confianza sabiendo que se hallaban hospedados con una familia cristiana.

Pablo habla de la hospitalidad cuando menciona las cualidades que debe tener un obispo: "Conviene, pues, que el obispo sea irreprensible, marido de una sola mujer, solícito, templado, compuesto, hospedador, apto para enseñar" (Primera de Timoteo 3: 2).

Y por último, Pedro pide que cuando den hospitalidad a alguien no lamenten lo que hicieron. También en Hebreos, Pablo habla de la hospitalidad diciendo: "No olvidéis la hospitalidad, porque por ésta algunos, sin saberlo, hospedaron a ángeles" (Hebreos 13:2).

4:10: *Cada uno según el don que ha recibido, minístreselo a los otros, como buenos administradores de la multiforme gracia de Dios.*

Dios nos ha dado a cada uno un don, es decir, una facultad, una destreza para desempeñar cierto oficio o profesión. Sin duda alguna pronto vamos a descubrir cuál es nuestro don. Lo importante es usarlo para el servició de Dios y no para el engrandecimiento propio. Pablo habla de los dones y dice: "Empero hay repartimiento de dones; mas el mismo Espíritu es. Y a unos puso Dios en la iglesia, primeramente apóstoles, luego profetas, los terceros doctores; luego facultades; luego dones de sanidad, ayudas, gobernaciones, y género de lenguas" (1Corintios 12: 7, 28).

Dios nos pide que seamos buenos administradores del don que nos ha dado y saquemos el mayor provecho para el engrandecimiento de su obra.

4:11: *Si alguno habla, hable conforme a la palabra de Dios; si alguno ministra, ministre conforme al poder que Dios da, para que en todo sea Dios glorificado por Jesucristo, a quien pertenecen la gloria y el imperio por los siglos de los siglos amén*

Pedro orienta la forma cómo debemos usar los dones que Dios nos ha dado, especialmente el de la palabra. Este don encierra una variedad de actividades, como la predicación del evangelio, la enseñanza y otros más; y nos pide que lo hagamos de acuerdo con la inspiración del Espíritu Santo, siempre teniendo como centro a Cristo Jesús y no usando nuestra propia inspiración.

También se refiere a los que ministran, los pastores, quienes deben desempeñar su labor de acuerdo con la Palabra de Dios y con lo que el Espíritu Santo les inspire a realizar. El fin principal es que Dios sea glorificado por Jesucristo, a quien pertenece el poder y la gloria *por los siglos de los siglos.*

Pablo se expresa también acerca del poder y la gloria de Dios: "El único que tiene inmortalidad, que habita en luz inaccesible; a quien ninguno de los hombre ha visto, ni puede ver, al cual sea la honra y el imperio por siempre amén" (1 Timoteo 6:16).

# CONSTANCIA EN LA TRIBULACIÓN
## EXHORTACIÓN A MANTENERSE FIRMES

4:12: *Amados no os sorprendáis del fuego de prueba que os a sobrevenido, como si alguna cosa extraña os aconteciese.*

Pedro anima a sus lectores de Asia Menor a no sorprenderse si tienen algún sufrimiento por sus creencias religiosas. Les pide que lo tomen como algo normal pues el hecho de ser cristianos no les va a impedir sufrimientos, y aunque a muchos les parezca que Dios se ha olvidado de ellos, no es así, sino que Dios permite este sufrimiento para purificar a sus creyentes. Así como el oro es purificado en el fuego para limpiarlo de la escoria y de otras impurezas, en esa misma forma Dios percibe cuáles cristianos necesitan ser purificados para que puedan alcanzar la vida eterna.

4:13: *Sino gozaos por cuanto sois participantes de los sufrimientos de Cristo, para que también en la revelación de su gloria os gocéis con gran alegría.*

Los Cristianos hallan una segunda motivación para el sufrimiento, según Pedro, y es que quien sufre por sus creencias religiosas, está siendo participe del sufrimiento que tuvo Cristo, y esto debía ser un motivo de gozo dentro del surimiento.

4:14: *Si sois vituperados por el nombre de Cristo, sois bienaventurados porque el glorioso espíritu de Dios reposa sobre vosotros. Ciertamente de parte de ellos, el es blasfemado pero por vosotros.*

Este versículo se relaciona estrechamente con Mateo 5:11-12, donde aparece lo que Jesús dijo: "Bienaventurados sois cuando por mi causa os vituperen y os persigan y digan toda clase de mal contra vosotros, mintiendo. Gozaos y alegraos, porque vuestro galardón es grande en los cielos; porque así persiguieron a los profetas que fueron antes de vosotros". De tal manera que somos discriminados, incluso por toda una sociedad, lo cual sucede en cualquier época, pero en vez de sentirnos tristes y acomplejados debemos estar dichosos porque Dios está con nosotros.

Como ejemplo tenemos el caso de Esteban, hombre lleno de gracia y poder, quien llevaba a cabo grandes prodigios y senales entre el pueblo, según Hechos de los Apóstoles (6: 8) lo narra. Esteban sostuvo una discusión muy fuerte con los dirigentes judíos que lo acusaban de blasfemia. Él se defendía de las acusaciones con sabiduría y palabras de lo alto: "Oyendo estas cosas se enfurecían en sus corazones y crujían los dientes contra él. Pero Esteban, lleno del Espíritu Santo, puesto los ojos en el cielo, vio la gloria de Dios y al Hijo del hombre que estaba sentado a la diestra de Dios, y dijo: He aquí veo los cielos abiertos y al Hijo del hombre que está sentado a la diestra de Dios. Entonces ellos dando grandes voces, se taparon los oídos, y arremetieron contra él" (Hechos de los Apóstoles 7:54-57).

Cuando Esteban experimentaba los momentos más difíciles, el Espíritu Santo le decía lo que debía decir para defenderse de sus acusadores. Lo cual es un ejemplo de que cuando seguimos a Cristo con toda sinceridad él nunca nos va a dejar solos y permanecerá a nuestro lado en los momentos más apremiantes y angustiosos, así como estuvo con Esteban. Y los enemigos de Dios lo blasfemarán, pero por nosotros será alabado y glorificado.

4:15: *Así que ninguno de vosotros padezca como homicida, o ladrón, o malhechor, o por entremeterse en lo ajeno.*

A través de estos versos, Pedro aclara el sufrimiento. No todo el que sufre lo hace por Dios. Pedro menciona a los homicidas y a los ladrones, gente que después de cometer el delito va a la cárcel a pagar por lo que hizo, un sufrimiento que ellos mismos se buscaron. Pero éste no es el sufrimiento que Dios acepta pues no es por su causa.

Menciona la palabra malhechores, que se refiere a las personas que hacen cosas malas. Y finalmente habla de quienes se entrometen en lo ajeno. Pedro señala que como cristianos no debemos tomar lo que no es nuestro, tampoco hacer cualquier cosa mala que deshonre el nombre de nuestro Dios.

4:16: *Pero si alguno padece como cristiano, no se avergüence, sino glorifique a Dios por ello.*

En la época de Pedro ya había una fuerte persecución contra los cristianos, especialmente por parte del Imperio Romano, quien reconocía como religión del estado únicamente la pagana y cualquier otra estaba fuera de la ley. Durante el régimen del Emperador Nerón, la persecución a los cristianos fue muy cruel y despiadada; eran acusados de deslealtad al imperio y llevados ante las cortes. Pedro se refiere a esta clase de sufrimiento, y da palabras de aliento, como en muchos versículos anteriores, a no mortificarse, sino que glorifiquen el nombre de Dios ya que debe ser una honra y un gozo sufrir por defender su palabra.

*4:17: Porque es tiempo de que el juicio comience por la casa de Dios; y si primero comienza por nosotros, ¿cuál será el fin de aquellos que no obedecen el evangelio de Dios?*

Pedro refuerza su argumentación con proverbios: "Ciertamente el justo será recompensado en la tierra, cuanto más el impío o pecador" (Proverbios 11: 31).

Según Pedro, el juicio comenzará por los cristianos, o sea, por el pueblo de Dios. Lo que quiere decir que el hecho de ser cristianos y haber seguido a Dios con toda sinceridad no nos va a librar de tener un juicio justo; luego continuará con el resto de seres humanos que no han querido escuchar la palabra de Dios, que han rehusado a aceptar a Cristo Jesús como su Salvador. Ellos estarán en una situación muy difícil.

*4:18: Si el justo con dificultad se salva, ¿en dónde aparecerá el impío y el pecador?*

Pedro seguramente conocía el siguiente proverbio: "Ciertamente el justo será recompensado en la tierra ¿cuánto más el impío y el pecador? (Proverbios 11:31).

Pedro está de acuerdo con que, incluso para los cristianos, es difícil salvarse; Jesús también lo dijo, y Marcos lo narra así: "Y si el Señor no hubiese acortado aquellos días, nadie sería salvo; mas por causa de los escogidos que él escogió, acortó aquellos días" (Marcos 13:20).

En una ocasión le preguntaron a Jesús "¿Señor, son pocos los que se salvan?" y él les respondió: "Esforzaos a entrar por la puerta angosta; porque muchos procurarán entrar y no podrán" (Lucas 13:23-24). Lo cual significa que debemos tener una fe verdadera y genuina, no aparente ni artificial, porque la prueba para los cristianos va a ser de fuego, y si esto sucede con los creyentes en Dios, ¿qué pasará con los impíos?

Mateo también transcribió lo dicho por Jesús: "No todo el que me dice Señor, Señor entrará en el reino de los cielos, sino el que hace la voluntad de mi Padre que está en los cielos. Muchos me dirán en aquel día Señor, Señor, ¿no profetizamos en tu nombre, y en tu nombre echamos fuera demonios, y en tu nombre hicimos muchos milagros? Y entonces les declararé: Nunca os conocí; apartaos de mí, hacedores de maldad" (Mateo 7:21-23).

4:19: *De modo que los que padecen según la voluntad de Dios, encomienden sus almas al fiel Creador, y hagan el bien*

"Los que padecen según la voluntad de Dios", son aquellos que padecen persecución por seguir a Cristo, mas no los que sufren la cárcel por haber cometido un delito. Los cristianos que sufren persecución deben tener confianza en Dios, pues él entiende el motivo de dicha situación, confiando en que después del sufrimiento vendrá la recompensa. Quien padezca una situación como la descrita deben encomendar su alma a Dios y siempre hacer el bien.

Pablo en 2 Timoteo declara: "Por lo cual así mismo padezco esto: pero no me avergüenzo, porque yo sé a quién he creído, y estoy seguro que es poderoso para guardar mi depósito para aquel día" (2 Timoteo 1:12).

# Bibliografía:

Capitulo cuatro de la Primera Epistola del apostol Pedro. La Santa Biblia, Antiguo y Nuevo Testamento, revisión 1960, Antigua versión de Casiodoro de Reina 1569.

# CAPÍTULO 9

# PRIMERA EPÍSTOLA DE PEDRO, CAPÍTULO 5 (comentario )

## EXHORTACIÓN

5:1: *Ruego a los ancianos que están entre vosotros, yo anciano también con ellos, y testigo de los padecimientos de Cristo, que soy también participante de la gloria que será revelada:*

Pedro ahora se está dirigiendo a un grupo especial de personas que hay dentro de la iglesia: los ancianos, tanto de edad como en rango, encargados de dirigir la iglesia. Con la expresión "yo anciano también con ellos", Pedro está mostrando humildad, a pesar de haber sido discípulo directo de Jesús y testigo presencial de los sufrimientos del Salvador, no muestra superioridad.

Además, el apóstol, con la seguridad plena de un futuro glorioso, se hermana con ellos aún más al considerarse un compañero, uno que compartirá esa gloria futura.

5:2: *Apacentad la grey de Dios que está entre vosotros, cuidando de ella, no por fuerza, sino voluntariamente; no por ganancia deshonesta, sino con ánimo pronto;*

Pedro inicia el versículo 2 haciendo a los ancianos la misma invitación que Jesús le extendió a él, expresada en Juan 21: 17: "Jesús le dijo: Apacienta mis ovejas". Pedro los animaba alimentar y cuidar espiritualmente a la grey, al rebaño de Dios. Hay que hacer notar que Pedro especifica que la grey le pertenece a Dios, no a los dirigentes, para que supieran cuál era el lugar de ellos en el cuidado de la iglesia del Señor.

El apóstol se dirigía a los ancianos que eran dirigentes de la Iglesia; en la actualidad Pedro se estaría dirigiendo a los pastores y a los ancianos, quienes son los responsables de la congregación. Los anima a cumplir con esta labor por convicción propia, no por obligación; ni por obtener algún beneficio propio, sino de manera desinteresada y de buen agrado.

5:3: *no como teniendo señorío sobre los que están a vuestro cuidado, sino siendo ejemplos de la grey.*

Se debe servir a Dios con humildad y sencillez, especialmente los pastores –los encargados de dirigir la comunidad–; no mostrando arrogancia ni dominio egoísta, sino sirviendo como modelo, con amor y ternura, a quienes fueron llamados a cuidar y dirigir.

5:4: *Y cuando aparezca el Príncipe de los pastores, vosotros recibiréis la corona incorruptible de gloria.*

Pedro considera a Jesús como el principal de los pastores y los que le sirven como dirigentes de la Iglesia son depositarios de esa misma misión, y están al cuidado de la grey terrenal. Este grupo de dirigentes a quienes se les ha confiado el rebaño del Señor, cuando Cristo venga por segunda vez, serán recompensados con la corona incorruptible de gloria eterna; la misma que Pablo menciona: "Por lo demás, me está guardada la corona de justicia, la cual me dará el Señor, Juez justo, en aquel día: y no sólo a mí, sino también a todos los que aman su venida" (2 Timoteo 4: 8)

5:5: *Igualmente, jóvenes, estad sujetos a los ancianos; y todos, sumisos unos a otros, revestíos de humildad; porque Dios resiste a los soberbios, y da gracia a los humildes.*

Pedro comenta que, así como los ancianos y dirigentes están sujetos al liderazgo de Jesucristo, los jóvenes deben respetar el liderazgo y dirección de aquéllos. Luego se dirige a todos los creyentes y los exhorta a comportarse con humildad en las relaciones de la comunidad religiosa, ya que Dios rechaza a los altivos y orgullosos, sin embargo, favorece o se complace con los que son humildes.

5:6: *Humillaos, pues, bajo la poderosa mano de Dios, para que él os exalte cuando fuere tiempo;*

En el versículo 5, Pedro comenta cómo debiera ser la relación entre los individuos; en el 6 menciona cómo debiera ser la relación del creyente con su Señor. Reconoce que Dios es poderoso y así se ha manifestado en toda la historia de su pueblo.

Enfatiza en este versículo que una actitud humilde y un sincero sometimiento a la voluntad de Dios serán recompensados al final de los tiempos, cuando los santos del Señor recibirán su recompensa eterna. Así también los expresa Santiago: "Humillaos delante del Señor, y él os exaltará" (Santiago 4: 10).

5:7: *Echando toda vuestra ansiedad sobre él, porque él tiene cuidado de vosotros.*

¡Qué hermosa promesa hace Dios en este versículo por medio de Pedro! Si depositamos y si arrojamos de una vez por todas y completamente nuestras preocupaciones y necesidades, y confiamos plenamente en el cuidado de Dios, tendremos la seguridad de que él se preocupa y nos liberará de la angustia que causa la incertidumbre, cualquiera sea su origen.

Mateo escribió al respecto: "Por tanto os digo: No os afanéis por vuestra vida, qué habéis de comer o qué habéis de beber; ni por vuestro cuerpo, que habéis de vestir. ¿No es la vida más que el alimento y el cuerpo más que el vestido? (Mateo 6: 25).

5:8: *Sed sobrios, y velad; porque vuestro adversario el diablo, como león rugiente, anda alrededor buscando a quien devorar;*

Pedro anima al creyente a estar alerta, a cuidarse de las acechanzas del diablo, –enemigo de Dios y de las almas. Satanás es muy astuto y emplea cualquier clase de artimaña para hacer caer a los hijos de Dios en sus garras; si fracasa con un recurso emplea otro. La oración constante y la comunión permanente con el Señor son las herramientas infalibles que mantiene al creyente cerca del cuidado y protección de Dios.

En Lucas encontramos lo que dijo el mismo Jesús sobre ser sobrios: "Mirad también por vosotros mismos, que vuestros corazones no se carguen de glotonería y embriaguez y de los afanes de esta vida, y venga de repente sobre vosotros aquel día" (Lucas 21: 34)

5:9: *al cual resistid firmes en la fe, sabiendo que los mismos padecimientos se van cumpliendo en vuestros hermanos en todo el mundo.*

Pedro anima a los hermanos en la fe a estar firmes en contra de los ataques de Satanás, para que éste no obtenga la victoria. El estar seguros y convencidos de las creencias es un arma poderosa contra el diablo. Pedro los motiva a seguir resistiendo los ataques del enemigo al decirles que no están solos en la lucha, ya que ese tipo de batalla estaba siendo enfrentada por los creyentes en otras partes de la tierra también.

5:10: *Mas el Dios de toda gracia, que nos llamó a su gloria eterna en Jesucristo, después que hayáis padecido un poco de tiempo, él mismo os perfeccione, afirme, fortalezca y establezca.*

Este versículo es una antítesis del versículo 9, en el que el diablo y sus artimañas era el tema central. En el 10, Dios y su gracia son el tema central; su deseo de redimir al ser humano por medio de Jesucristo, su Hijo.

Pedro sigue advirtiendo que los creyentes tendrían sufrimiento por causa de su fe, y no oculta este hecho; pero asegura que será "un poco de tiempo", en una perspectiva de la eternidad que gozará el que triunfe en Cristo.

Al final del versículo, Pedro expresa el crecimiento gradual que lleva la vida cristiana por medio de este sufrimiento por la fe depositada en Cristo: primero Dios le provee las herramientas para enfrentar a Satanás (lo perfecciona); después lo consolidará en el evangelio (lo afirma); luego el Espíritu Santo lo fortalece; finalmente lo coloca como un fundamento (lo establece).

5:11: *A él sea la gloria y el imperio por los siglos de los siglos. Amén.*

Para concluir esta carta, después de que Pedro exalta a Cristo Jesús y de haberles recordado a los receptores de la epístola que Cristo cumpliría con las promesas que hizo y que él estaría siempre con cada uno de los que aceptara su palabra, Pedro declara que la gloria y el poder eternos le sean dados al Salvador.

5:12: *Por conducto de Silvano, a quien tengo por hermano fiel, os he escrito brevemente, amonestándoos, y testificando que ésta es la verdadera gracia de Dios, en la cual estáis.*

Como se comentó en el Capítulo 5 de este libro, Silvano fue quien escribió la primera epístola de Pedro. Silvano pudo haber sido su secretario y es el mismo hombre conocido como Silas (CBA p. 607; Hechos 15). No se sabe con certeza si Pedro dictó la carta o si sólo le dio las ideas y Silvano la redactó según su propio criterio y estilo. Sin embargo, por el lenguaje en primera persona del versículo 12, se podría concluir que Pedro escribió la conclusión de la Epístola.

Es al final de la carta donde presenta al portador y escritor de ésta: Silvano, y lo califica como un hermano en la fe, leal y fiel. Además recapitula reiterando que el motivo de la carta era "amonestarlos" o exhortarlos a permanecer en la verdad del Evangelio, y reafirma que también está testificando y reiterando el mensaje evangélico que ya habían aceptado.

5:13: *La iglesia que está en Babilonia, elegida juntamente con vosotros y Marcos mi hijo, os saludan.*

Cuando Pedro dice "la iglesia que está en Babilonia" se podría pensar que es la ciudad con ese nombre mencionada en el Antiguo

Testamento, sin embargo, la tradición indica que Pedro pasó sus último años en Roma, que era conocida entre los primeros cristianos como Babilonia, además de que no hay evidencia que el apóstol haya estado en la Babilonia real (CBA p. 607).

Al enviar Pedro los saludos de Marcos y de los hermanos de Roma, aprovecha para reafirmar que, tanto los creyentes de Roma como los de Asia Menor, habían sido elegidos para ser pueblo espiritual de Dios.

5:14: *Saludaos unos a otros con ósculo de amor. Paz sea con todos vosotros los que estáis en Jesucristo. Amén.*

Pedro desea que entre los hermanos cristianos de Asia haya paz.

# Bibliografía:

Primera Epistola de Pedro, comentario del capitulo quinto.

La santa Biblia, Nuevo y amtiguo testamento, revision de 1960.

Antigua version de Csiodoro de Reina 1569.

Comentario Biblico Adventista, en Español.

# CAPÍTULO 10

# SEGUNDA EPÍSTOLA DE SAN PEDRO, CAPÍTULO 1 (comentario)

1:1: *Simón Pedro, siervo y apóstol de Jesucristo, a los que habéis alcanzado, por la justicia de nuestro Dios y salvador Jesucristo, una fe igualmente preciosa que la nuestra.*

Esta segunda carta de Pedro no va dirigida a un grupo especial de personas, sino, en una forma universal, a todos los que han alcanzado la fe de Jesús, es decir, los que por fe han aceptado la palabra de Dios y sus promesas, y esperan la segunda venida de Cristo Jesús.

Pablo también se dirige a los Romanos en una forma similar: "Esto es, para ser mutuamente confortados por la fe que nos es común a vosotros y a mí" (Romanos 1:12).

1:2: *Gracia y paz os sea multiplicada, en el conocimiento y de nuestro señor Jesucristo.*

Éste era un saludo muy típico en las cartas de los apóstoles. En las suyas, Pablo expresa un saludo muy similar, deseándoles a sus lectores que la gracia y la paz les sean multiplicadas. Pero la gracia y la paz sólo se pueden obtener profundizando en el conocimiento de Dios y de Cristo Jesús, lo cual debe producir una fe verdadera y el reconocimiento genuino que el Señor es nuestro Dios y Jesús es nuestro Redentor, en quienes debemos confiar tanto en las buenas circunstancias como en las malas. Pero tanto la mente de los cristianos que poseen un conocimiento pobre de Dios como la de los no creyentes está adormecida por el enemigo de Dios y les es imposible discernir entre lo verdadero y lo falso. El que tiene a Dios lo tiene todo, y tiene a Jesucristo quien otorga la salvación, porque él vino a recuperar lo que se había perdido. 15

# EL AUTÉNTICO SABER
# EL DESARROLLO DEL CONOCIMIENTO VERDADERO

*1:3: Como todas las cosas que pertenecen a la vida y la piedad nos han sido dadas por su divino poder, mediante el conocimiento de aquel que nos llamó por su gloria y evidencia.*

Desde el momento en que conocimos a Jesús y a medida que nuestro conocimiento sobre él aumenta, el poder divino de Dios se manifiesta en nosotros por medio de sus bendiciones. Cristo es quien vive en nosotros y dirige  nuestras vidas. Pero si no contamos con su divino poder no tendremos la capacidad para hacer las cosas que son correctas para Dios.

Pero ese divino poder solamente lo puede dar Dios y lo conseguimos conociéndolo y siguiendo su palabra. Pablo, en primera Corintios, nos dice lo siguiente: "Porque en todas las cosas fuiste enriquecidos en él, en toda palabra y en toda ciencia" (1 Corintios 1:5).

Dios nos llamó por su gloria y excelencia. La venida de Cristo es el motivo por el que fue proclamado el evangelio a todo el mundo. Ninguno ser humano tuvo méritos para motivar su venida o para que nos gloriemos diciendo que por el esfuerzo nuestro Cristo vino a darnos la salvación.

*1:4: Por medio de las cuales nos ha dado preciosas y grandísimas promesas, para que por ellas lleguéis a ser participantes de la naturaleza divina, habiendo huido de la corrupción que hay en el mundo a causa de la concupiscencia.*

Llegaremos a ser participantes de la naturaleza divina si conocemos a Dios y tenemos fe en sus preciosas y grandísimas promesas. Primero debemos huir de toda esa corrupción que hay en el mundo por causa de la concupiscencia.

Pablo nos llama la atención sobre este tema y nos dice lo siguiente: "Así que amados, puesto que tenemos tales promesas, limpiémonos de toda contaminación de carne y de espíritu, perfeccionando la santidad en el temor de Dios" (1 Corintios 7:1).

*1:5: Vosotros también, poniendo toda diligencia por esto mismo añadid a vuestra fe virtud; y a la virtud, conocimiento.*

En este versículo Pedro nos exhorta a añadir a nuestra fe virtud, es decir, hacer cosas buenas. Cuando una persona es considerada virtuosa se debe a que sus actos son buenos, a lo cual debe añadir conocimiento en las cosas de Dios.

*1: 6: Al conocimiento dominio propio; al dominio propio, paciencia; y a la paciencia, piedad.*

Al conocimiento le debemos añadir dominio propio, no solamente en el comer y el beber, sino en todas las cosas que hacemos debemos de ser muy prudentes para dar ejemplo a los que no son creyentes en Dios. Al dominio propio hay que  añadirle paciencia para ser tolerantes con los que nos critican; a la paciencia, piedad, la cual

implica devoción y respeto a las cosas santas y a Dios, el único que es santo y a quien debemos dar gloria y alabanza.

*1:7: A la piedad afecto fraternal, al afecto fraternal, amor.*

Pedro habla del afecto paternal que debemos tener, no sólo hacia nuestros hermanos en la fe, sino hacia todas las personas, ayudándonos unos a otros.

Y por último, el amor, mostrando cariño y amistad a todas las personas, sin ninguna clase de discriminación, incluyendo a aquellas que no son amigables con nosotros. Pablo también nos aclara lo siguiente sobre esto: "Y el Señor os haga crecer y abundar en el amor unos para con otros y para con todos, como también lo hacemos nosotros para con vosotros" (1 Tesalonicenses 3:12).

*1:8: Porque si estas cosas están en vosotros, y abundan, no os dejarán estar ociosos ni sin fruto en cuanto al conocimiento de nuestro Señor Jesucristo.*

Si poseemos todas estas virtudes mencionadas por Pedro, siempre estaremos ocupados, ayudando a nuestros hermanos, a nuestros vecinos y a cualquier persona que lo necesite. Es un privilegio que Dios nos ha dado, porque no a todas las personas se les presenta la oportunidad de hacerlo.

*1:9: Pero el que no tiene estas cosas tiene la vista muy corta; es ciego, habiendo olvidado la purificación de sus antiguos pecados.*

Pedro es muy claro en este versículo, quien no posee estas virtudes está ciego, no alcanza a ver las cosas de Dios con claridad y su capacidad para discernir entre lo bueno y lo malo es muy limitada; y olvida que cuando aceptó a Cristo Jesús y fue bautizado sus pecados fueron perdonados

El apóstol Juan nos habla también sobre esto: "Porque el que aborrece a su hermano está en tinieblas, y anda en tinieblas y no sabe a dónde va, porque las tinieblas le han cegado los ojos" (1 Juan 2:11).

*1:10: Por lo cual, hermanos, tanto más procurad hacer firme vuestra vocación y elección; porque haciendo estas cosas, no caeréis jamás.*

Tanto los cristianos de la época de Pedro como en la actualidad hemos sido llamados por Dios. Cuando aceptamos su llamado y lo elegimos como nuestro

Dios, debemos hacer todo lo que creamos bueno para nosotros y para Dios, a fin de que cada día estemos más firmes en lo que hemos creído. A lo que el apóstol Pablo añade: "En aquel tiempo estabais sin Cristo, alejados de la república de Israel, y extranjeros a los pactos de la promesa, sin esperanza y sin Dios en el mundo" (Efesios 2:12).

Pedro nos dice que si estamos firmes en lo que hemos creído y en las cosas de Dios nos será muy difícil caer.

1:11: *Porque de esta manera os será otorgada amplia y generosa entrada en el reino eterno de nuestro señor Jesucristo.*

Este es el camino verdadero por el cual debemos transitar. El mundo nos ofrece muchos caminos llenos de ilusiones y superficialidades, pero son caminos de hombres y no de Dios, por lo tanto no conducen al reino de Dios. El camino que Jesús nos ofrece es el verdadero, con amplia y generosa entrada al reino celestial.

## BASES PARA EL VERDADERO CONOCIMIENTO

1:12: *Por eso yo no dejaré de recordaos siempre estas cosas, aunque vosotros las sepáis, y estéis confirmados en la verdad presente.*

Pedro siempre estuvo preocupado por nuestra salvación y nos anima a través de su carta a andar en el camino del Señor. Aunque muchas cosas las sepamos, siempre debemos estar a diario estudiando su Palabra para permanecer firmes en ella y no permitir que el Diablo nos distraiga con alguna de sus trampas, ya que es hábil y especialista en utilizarlas.

1:13: *Pues tengo por justo, en tanto que estoy en este cuerpo, el despertaros con amonestación.*

El apóstol se refiere a su cuerpo como a una morada en el que habita su espíritu, y lo llama tabernáculo. Pablo lo llama igual: "Porque sabemos que si nuestra morada terrestre, este tabernáculo, se deshiciese, tenemos de Dios un edificio, una casa no hecha de manos, eterna, en los cielos" (2 Corintios 5:1). Y más adelante en el mismo capítulo comenta que mientras estamos en el cuerpo, estamos ausentes del Señor, y que mejor sería estar ausentes en el cuerpo, para estar presentes en el Señor, pues "ausentes o presentes lo que debemos hacer es poder agradar a Dios".

Pedro, tanto en la primera carta como en esta segunda, constantemente nos motiva y abre nuestros ojos por medio de toda clase de amonestaciones.

1:14: *Sabiendo que en breve debo abandonar este cuerpo, como nuestro señor Jesucristo me lo ha declarado.*

En este verso señala que el Señor Jesucristo le dio alguna información sobre cuándo podría ser su muerte, y su gran preocupación era amonestar de viva voz o por escrito a todos los creyentes en el Señor a no desviarse del camino que Cristo había trazado, y que luego sus apóstoles habían ratificado.

Juan transcribe las palabras dichas por Jesús a Pedro acerca de los últimos días de éste: "De cierto de cierto te digo: Cuando eras más joven, te ceñías e ibas donde querías; mas cuando ya seas viejo, extenderás tus manos y te ceñirá otro, y te llevará a donde no quieras" (Juan 21:18).

1:15: *También yo procuraré con diligencia que después de mi partida vosotros podáis en todo momento tener memoria de estas cosas.*

Pero todas estas amonestaciones y preocupaciones del apóstol Pedro y los demás apóstoles, para que no se alejaran del verdadero camino que Cristo les había enseñado, sirvió muy poco, porque después de la muerte de los apóstoles pronto comenzaron a desviarse, hasta que una gran mayoría tomó un camino totalmente errado. E incluso usaron el nombre del apóstol Pedro para inventar cosas que él nunca había hecho ni dicho.

1:16: *Porque no os hemos dado a conocer el poder y la venida de nuestro señor Jesucristo siguiendo fabulas artificiosas, sino como habiendo visto con nuestros ojos su majestad.*

El mensaje de Cristo es verdadero y vivificante. No es una fábula o un cuento, sino como el mismo Pedro declara: "Es el verdadero mensaje de salvación". Él testifica tanto de los grandes milagros que hizo Jesús como su muerte y resurrección. Y éste es el mensaje que debe ser predicado en todo el mundo, no otro. Porque cualquiera que predique otro mensaje se desvía de la luz, cae en la oscuridad y le da la oportunidad al enemigo para que predique su mensaje erróneo y confuso.

El apóstol Pablo también nos habla sobre esto: "Ni presten atención a fábulas y genealogías interminables, que acarrean disputas más bien que edificación de Dios, que es por fe así te encargo ahora" (1 Timoteo 1:4).

1:17: *Pues cuando él recibió de Dios Padre honra y gloria, le fue enviada desde la magnífica gloria una voz que decía: Éste es mi Hijo amado, en el cual tengo complacencia.*

Pedro escuchó directamente de Dios, cuando Jesús se transfiguró: "Entonces Pedro dijo a Jesús: Bueno es para nosotros que estemos aquí; si quieres hagamos aquí tres enramadas: una para ti, otra para Moisés y otra para Elías. Y mientras Pedro aun hablaba una nube de luz los cubrió; y he aquí una voz que salió desde la nube, que decía: este es mi Hijo amado en quien tengo complacencia; a él oíd" (Mateo 17:1-5).

Él estaba seguro de que lo que predicaba era la verdad porque había visto y había oído del cielo que Jesús era el verdadero Hijo de Dios. Luego Pedro fue investido con el poder del Espíritu Santo para realizar muchos milagros y predicar el evangelio de Cristo Jesús, para que quienes lo escucharan creyeran que tenía poder de lo alto.

1:18: *Y nosotros oímos esta voz enviada del cielo, cuando estábamos con él, en el monte santo.*

Nuevamente ratifica que él, Jacobo y Juan oyeron esta voz que venía del cielo cuando estaban con Jesús en el monte santo. Con lo cual Pedro nos demuestra que sus predicaciones y escritos son verdaderos porque la fuente de donde son tomados es verdadera.

1:19: *Tenemos también la palabra profética más segura, a la cual hacéis bien en estar atentos como a una antorcha que alumbra en lugar oscuro, hasta que el día esclarezca y el lucero de la mañana salga en vuestros corazones.*

Los profetas del Antiguo Testamento profetizaban acerca de lo que sucedería dentro del pueblo de Dios y también sobre la venida de Cristo. Hoy no contamos con profetas pero contamos con el evangelio de Cristo que es la salvación para todo aquel que lo acepte. Pedro nos insta a estar atentos a los profetas como a una antorcha que alumbra en la oscuridad.

Esta antorcha que alumbra es el evangelio de Cristo. Como en la noche más oscura donde no alumbra ni un rayo de luz, caminamos a ciegas, sin ver ni distinguir nada, y tropezamos con cualquier objeto que haya en el suelo, así es la situación para quienes no han aceptado ni quieren aceptar el evangelio de Cristo. Andan por el mundo a ciegas, sin rumbo y sin el Dios único y verdadero.

Las profecías también nos ayudan a saber cuál es el verdadero Dios, para no seguir doctrinas de hombres que son erradas y preparadas para rendir culto y honor a una persona y la institución que representan. Quien tiene a Cristo Jesús lo tiene todo, anda en la luz, lleva un rumbo, camina seguro sabiendo hacia dónde se dirige y aguardando el cumplimiento de las promesas de Cristo Jesús. Por ello Pedro nos insta tanto a que por ningún motivo abandonemos el camino que Cristo nos ha señalado, ofrecido gratuitamente por la gracia de nuestro Señor Jesucristo.

Deseo que aquellos que andan en la oscuridad algún día no lejano acepten el evangelio de Cristo Jesús, y les aparezca la luz y el lucero de la mañana brille en sus corazones.

El salmista nos dice lo siguiente sobre esto: "Lámpara es a mis pies tu palabra, y lumbrera a mi camino" (Salmos 19:105).

1:20: *Entendiendo primero esto, que ninguna profecía de la escritura es de interpretación privada.*

Pedro es muy claro: "Ninguna profecía es de interpretación privada", significa que nadie debe descifrar las profecías a su manera, sino quien las analice, debe poseer la inspiración del Espíritu Santo para que esta apreciación sea cierta y verdadera. Ha habido líderes religiosos que, por su jerarquía y popularidad, creen tener el Espíritu Santo, sin que sea así, y le han dado una explicación errada a las profecías, tomándola como verdadera. Debemos cuidarnos de esas interpretaciones erradas porque nos pueden conducir a transitar por un camino equivocado. Asegurémonos de que el entendimiento de las profecías esté estrictamente ceñida a la palabra de Dios, y si es así estaremos en el camino correcto y podremos transitar por él con toda confianza, sabiendo que está de acuerdo con su Palabra.

Pablo declara lo siguiente: "De manera que teniendo diferentes dones según la gracia que nos es dada, si es el de profecía, úsese conforme a la medida de la fe" (Romanos 12: 6).

1:21: *Porque nunca la profecía fue traída por voluntad humana, sino que los santos hombres de Dios hablaron siendo inspirados por el Espíritu Santo.*

Los profetas del Antiguo Testamento fueron inspirados por Dios y, a través de visiones, sueños y otros, recibían el mensaje divino que después transmitían a su pueblo.

De tal manera que cualquier otra interpretación humana venga de donde venga no tiene ninguna validez ante Dios. Debemos entender que la interpretación de las profecías no es trabajo de seres humanos, sino del Espíritu Santo que, usando seres humanos, comunica a su pueblo lo que Dios desea que conozcan, para beneficio de ellos y para que se den cuenta que sino caminan dentro de su palabra tendrán problemas en su vida terrena y perderán la salvación eterna. El Señor es un Dios de misericordia y amor, quiere que nadie se pierda y por ello inspira a hombres santos por medio del Espíritu Santo.

Pablo abunda en el tema: "Toda escritura es inspirada divinamente y útil para enseñar, para redargüir, para corregir, y para instruir en justicia" (2 Timoteo 3:16).

# Bibliografía:

Segunda Epistola del apostol Pedro, comentario del Capitulo uno. la santa Biblia, revisión 1960, Antigua versión de Casiodoro de Reina 1569.

15) Martín Lutero, *Comentarios de Martín Lutero de 1. y 2. de Pedro*. Editorial Clie, Terrassa Barcelona, España. Edición 2001, traducida al Español por: Rosa Roger I. Moreno, Capitulo 1, 2Pedro, *Conocimiento de Dios*, pág. 176.

# CAPÍTULO 11

## SEGUNDA EPISTOLA DEL APOSTOL PEDRO CAPITULO 2
### (comentario )

### LOS FALSOS MAESTROS
### LAS INCURSIONES DEL ERROR

*2: 1: Pero hubo también falsos profetas entre el pueblo, como habrá entre vosotros falsos maestros, que introducirán encubiertamente herejías destructoras, y aun negaran al señor que los rescató, atrayendo sobre sí mismos destrucción repentina.*

Así como Dios utiliza a seres humanos para que, inspirados por el poder del Espíritu Santo, interpreten las profecías correctamente, en la misma forma el enemigo de Dios utiliza seres humanos, a quienes ha logrado atraer a su reino del mal, para que interpreten erróneamente las profecías y confundan, inclusive, a los cristianos a fin de que crean verdaderas sus falsas interpretaciones.

Debemos tener mucho cuidado en el discernimiento entre lo verdadero y lo falso, porque hay líderes religiosos que pretenden hablar en nombre de Dios, pero no de acuerdo con la palabra divina. Ya sea el líder más importante y más encumbrado de la Tierra, si no está de acuerdo con las Santas Escrituras, lo que diga y predique no es veraz y carece de validez ante Dios. Éstos son los falsos maestros y profetas a los que Pedro se refiere.

Pablo habla también sobre el tema: "Pero el Espíritu dice claramente que en los postreros tiempos, algunos apostarán de la fe, escuchando a espíritus engañadores y a doctrinas de demonios" (1Timoteo 4: 1).

Por último, cuando Pedro dice "introducirán encubiertamente herejías destructoras", se refiere a que los falsos maestros o profetas no lo hacen públicamente. Si dijeran públicamente que Jesús no es el Hijo de Dios, sería muy obvio que no están de acuerdo con su Palabra. Por lo tanto establecen doctrinas y creencias que no van de acuerdo con ella y confunden a sus seguidores, tales como el celibato, el pago de indulgencias y otras acciones para alcanzar la vida eterna. Muchos las aceptan como verdaderas. Pero eso es totalmente falso porque el único que nos salvará es Cristo Jesús, por su gracia y misericordia, nada más.

2: 2: *Y muchos seguirán sus disoluciones, por causa de los cuales el camino de la verdad será blasfemado.*

Estos falsos maestros o líderes religiosos que enseñan doctrinas contrarias al evangelio de Cristo conducen a las personas a creer en las obras y no en la fe, por lo tanto tergiversan el camino de la verdad, blasfemando.

2:3: *Y por avaricia harán mercadería de vosotros con palabras fingidas, sobre los tales ya de largo tiempo la condenación no se tarda y su perdición no se duerme.*

Existen organizaciones religiosas que comercian entre su feligresía con promesas falsas y palabras fingidas, sobre los cuales, afirma Pedro, la condenación llegará pronto y su perdición será real.

Pablo: "Pues no somos como muchos, que medran falsificando la palabra de Dios, sino que con sinceridad como de parte de Dios, y delante de Dios hablamos en Cristo" (2 Corintios 2:16).

# EL CASTIGO DEL ERROR

2:4 *Porque si Dios no perdonó a los ángeles que pecaron, sino que arrojándolos al infierno los entregó a prisiones de oscuridad, para ser reservados al juicio.*

Si Dios no perdonó a sus ángeles por haber cometido el pecado de dejarse seducir por Satanás en el cielo, qué pueden esperar las personas que se han dejado engañar por éste, y se dedican a hacer toda clase de maldades, llevando una vida llena de vicios. Su castigo está asegurado cuando llegue la hora del juicio, a no ser que recapaciten y acepten la palabra de Dios, pues sólo así podrán lograr la salvación eterna que Cristo Jesús les ofrece.

El apóstol Juan relata lo que el mismo Jesús dijo dirigiéndose a algunos judíos incrédulos: "Vosotros sois de vuestro padre el diablo y los deseos de vuestro padre queréis hacer. Él ha sido homicida desde el principio, y no ha permanecido en la verdad, porque no hay verdad en él. Cuando habla mentira de lo suyo habla; porque es mentiroso, y padre de mentira" (Juan 8: 44).

2: 5: *Y si no perdonó al mundo antiguo, sino que guardó a Noé pregonero de justicia, con otras siete personas trayendo el diluvio sobre el mundo de los impíos.*

Este ejemplo demuestra el castigo divino para quienes transitan el camino de la maldad. Es posible que actualmente haya más maldad en el mundo que cuando Dios ordenó destruirlo con el diluvio. La perversidad del hombre de hoy es tal que incluso hay lugares donde ya se han aprobado legalmente los matrimonios homosexuales. La corrupción y la desintegración social se hallan en todos los niveles.

Sólo ocho personas se salvaron del Diluvio: Noé, su esposa, sus tres hijos y sus tres nueras. Pero Dios había hecho todo lo posible por salvar a la mayoría de quienes habitaban el mundo entonces, a través de Noé, quien, durante cien años, los exhortó al arrepentimiento y a enderezar sus vidas, mientras duró la construcción del arca. Nadie atendió a sus palabras, sino todo lo contrario, se burlaban de él, considerándolo loco. Llegó el momento en que Dios no toleró más la maldad sobre la tierra y la destruyó con el diluvio.

Dios continuamente nos amonesta por medio de personas inspiradas por el Espíritu Santo para transmitirnos su voluntad. Ni hoy ni en el futuro el mundo será destruido nuevamente por un diluvio, pero la segunda venida de Cristo está muy cerca y con ella terminará el tiempo para todos los que han rechazado a Cristo y no han aceptado la salvación, y tal como vivieron en la oscuridad morirán en las tinieblas.

En Génesis podemos ver lo que Dios le dijo a Noé: "Dijo luego Jehová a Noé: Entra tú y toda tu casa en el arca, porque a ti he visto justo delante de mí en esta generación" (Génesis 7:1).

*2:6: Y si condenó por destrucción a las ciudades de Sodoma y de Gomorra, reduciéndolas a cenizas y poniéndolas de ejemplo a los que habían de vivir impíamente.*

Sodoma y Gomorra son otro ejemplo claro de las consecuencias de vivir en la maldad. Ambas eran ciudades donde había abundancia, donde todo el mundo comía y bebía los vinos más exquisitos y llevaban una vida de ocio, pero sus moradores no creían en Dios y se habían dedicado a toda clase de maldades y depravaciones sexuales, hasta que Dios se cansó de tanta maldad y no tuvo otra alternativa sino destruirlas con fuego, tal como lo relata Génesis: "Entonces hizo Jehová llover sobre Sodoma y Gomorra azufre y fuego desde los cielos" (Génesis 19: 24).

*2:7: Y libró al justo Lot, abrumado por la nefanda conducta de los malvados.*

En estas ciudades la prostitución, el adulterio y la homosexualidad eran muy comunes. La depravación era tanta que cuando dos ángeles visitaron a Lot, esta gente perversa trató de abusar de ellos, pero Dios, a través de Lot, los libro de tal violencia.

*2:8: Porque este justo, que moraba entre ellos, afligía cada día su alma justa, viendo y oyendo los hechos inicuos de ellos.*

Era una situación muy dura y deprimente para Lot, hombre justo y temeroso de Dios, contemplar la corrupción a la que había llegado esta gente entregada totalmente a Satanás.

*2:9: Sabe el Señor librar de tentación a los piadosos, y reservar a los injustos para ser castigados en el día del juicio.*

Esa es la esperanza de todos los que creemos en el Señor, ser librados de las malas tentaciones y poseer en nuestra mente ideas y pensamientos buenos y justos, a fin de hacer todo lo recto ante sus ojos para salvación nuestra. Porque los incrédulos y, especialmente, los que han tenido la oportunidad de recibir las buenas nuevas de Cristo Jesús y no las aceptaron, tendrán su castigo el día del juicio.

Jesús declaró lo siguiente: "Tú Capernaúm, que eres levantada hasta el cielo, hasta los infiernos serás abatida, porque si a los de Sodoma les hubieran sido hechas las maravillas que han sido hechas en ti, hubiera quedado hasta el día de hoy. Por lo tanto os digo que a la tierra de los de Sodoma les será más tolerable el castigo en el día del juicio que a ti" (Mateo 11: 23,24).

## CARÁCTER Y CONDUCTA DE LOS ENGAÑADORES

*2: 10: Y mayormente aquellos que, siguiendo la carne, andan en concupiscencia e inmundicia y desprecian al señorío, atrevidos y contumaces, no temen decir mal de las potestades superiores.*

Pedro continúa aludiendo a quienes se atreven a blasfemar las autoridades superiores. Y Judas hace una declaración relacionada con lo dicho por Pedro: "No obstante, de la misma manera también estos sonadores mancillan la carne, rechazan la autoridad y blasfeman de las autoridades superiores" (Judas 1: 8).

*2: 11: Mientras que los ángeles que son mayores en fuerza y potencia, no pronuncian juicio de maldición contra ellas delante del Señor.*

Los ángeles del Señor no osan proferir palabras contra autoridades superiores. En Judas encontramos lo siguiente sobre esto: "Pero cuando el arcángel Miguel contendía con el diablo, disputando con él por el cuerpo de Moisés, no se atrevió a proferir juicio de maldición contra él, sino que dijo: El Señor te reprenda" (Judas 1: 9).

2:12: *Pero estos, hablando mal de cosas que no entienden, como animales irracionales, nacidos para presa y destrucción, perecerán en su propia perdición.*

Pedro compara a la gente poseída por el diablo con animales irracionales, porque no entienden ni tienen temor de Dios, mas se deleitan haciendo el mal cometiendo toda clase de barbaridades carnales. Pero todo aquel dedicado a la maldad perecerá en su propia perdición. Judas así lo afirma: "Pero estos blasfeman de cuantas cosas no conocen; y en las que por naturaleza conocen, se corrompen como animales irracionales" (Judas 1: 10).

2: 13: *Recibiendo el galardón de su injusticia, ya que tienen por delicia el gozar de deleites cada día. Estos son inmundicias y manchas, quienes aun mientras comen con vosotros, se recrean en sus errores.*

Mucha gente se dedica a la vida de placeres, pensando que lo tienen todo y no se dan cuenta que no tienen lo más importante, que es a Dios. Muchos de ellos se llaman a sí mismos cristianos porque hablan de Cristo, olvidando que un verdadero cristiano es humilde y sigue la palabra de Dios con toda sinceridad. Pedro los llama inmundicias y manchas para la humanidad.

Hay quienes, mientras comen con otros, gozan de sus faltas, porque hablan y actúan como seguidores de la palabra de Dios, y quienes los escuchan creen oír la verdad. Si leyeran las Santas Escrituras verían que están en un grave error.

San Judas nos habla lo siguiente acerca de esto: "Estos son manchas en vuestros ágapes, que comiendo impúdicamente con vosotros se apacientan a sí mismos; nubes sin agua, llevadas de acá para allá por los vientos; árboles otoñales, sin fruto, dos veces muertos y desarraigados" (Judas 1: 12).

2: 14: *Tienen los ojos llenos de adulterio, no se sacian de pecar, seducen a las almas inconstantes, tienen el corazón habituado a la codicia, y son hijos de maldición.*

Así describe Pedro a los que se dedican a la maldad. Hay cierta organización religiosa, enmascarada en una vida de santidad, que predica lo falso de modo que cualquiera puede creerlo verdad, haciendo caer en sus redes almas deseosas de conocer a Dios, sin saber que caen en el precipicio de la idolatría.

Su corazón está habituado a la codicia, principalmente centrada en el dinero, y aparentan realizar actos rectos surgidos de su temor a Dios. Por su amor al dinero y por su gran idolatría, Pedro los llama hijos de maldición. No tienen la bendición de Dios, sino maldición y con esta sentencia su situación empeora cada día.

2:15: *Han dejado el camino recto y se han extraviado siguiendo el camino de Balaam hijo de Beor, el cual amó el premio de la maldad.*

La historia de Balaam aparece en el libro bíblico de Números, el cual cuenta que cuando los hijos de Israel salieron de Egipto y entraron en la tierra de los moabitas, el rey Balac envió mensajeros a un profeta llamado Balaam y le pidió que maldijese al pueblo de Israel porque era más fuerte que el suyo y pensaba que quizá en esa forma lo heriría y echaría de sus tierras. Balac había dicho al profeta Balaam: "Porque yo sé que al que tu bendigas será bendito y al que maldigas será maldito". Pero Dios, en la noche, pidió al profeta Balaam no maldecir a Israel porque era su pueblo bendito. Mas el rey Balac insistió enviando emisarios a Balaam e invitándolo a entrevistarse con él, hasta que lo convenció.

Esto sucede a mucha gente en la actualidad, quienes transitan el camino de la confusión y la oscuridad, en vez de seguir el camino recto, practicando las enseñanzas de Cristo y viviendo una vida santa y sana. Judas añade: "¡Ay de ellos porque han seguido el camino de Caín y se lanzaron por lucro en el error de Balaam y perecieron en la contradicción de Coré" (Judas 1:11).

2: 16: *Y fue reprendido por su iniquidad; pues una muda bestia de carga, hablando con voz de hombre, refrenó la locura del profeta.*

En su viaje a la entrevista con Balac, Balaam iba montado en una asna. De pronto el asna se desvió del camino y él la azotó tratando de hacerla volver a la senda; después ella se detuvo junto a una pared y no la hizo moverse a pesar de que la volvió a azotar; por último se echó y él la azotó de nuevo para que se moviera, pero ella no caminó. Dios hizo hablar al asna, quien le peguntó: "¿Qué te he hecho, que me has azotado estas tres veces?" Entonces Balaam pudo ver la presencia de un ángel, el cual había provocado esa conducta en el asna y le hizo ver el error que estaba cometiendo.

# CONSECUENCIAS PERNICIOSAS DEL ENGAÑO

2:17: *Estos son fuentes sin agua, y nubes empujadas por la tormenta; para los cuales la más densa oscuridad está reservada para siempre.*

La gente que predica lo falso, haciendo a un lado la verdad, son como fuentes sin agua y nubes de tormenta, es decir, no dan ningún fruto bueno a la humanidad y sólo causan problemas. Pueden vivir muy bien y sentirse muy bien pero les espera una densa oscuridad eterna.

Judas se refiere a ellos en la siguiente forma: "Fieras ondas del mar, que espuman su propia vergüenza; estrellas errantes, para las cuales está reservada eternamente la oscuridad de las tinieblas" (Judas 1:13).

2:18: *Pues hablando palabras infladas y vanas, seducen con concupiscencia de la carne y disoluciones a los que verdaderamente habían huido de los que viven en error.*

Líderes religiosos predican por todo el mundo con palabras exageradas y vacías, y seducen a mucha gente con frases bonitas y en el nombre de Dios. Y mucha gente se acerca a ellos con la esperanza de haber encontrado la verdad.

Judas, una vez más, reafirma lo que Pedro escribió y con gran claridad lo expresa: "Estos son murmuradores, querellosos, que andan según sus propios deseos, cuya boca habla cosas infladas, adulando a las personas para sacar provecho" (Judas 1:16).

2: 19: *Les prometen libertad, y son ellos mismos esclavos de corrupción. Porque el que es vencido por alguno es de hecho esclavo del que lo venció.*

Prometen la salvación por medio de las obras, pero nadie se salva por las obras, pagando o haciendo cualquier sacrificio, pues sólo Cristo puede otorgarla a través de la gracia de Dios. La corrupción esclaviza a las personas, las mantiene en el pecado, en tanto el enemigo de Dios se deleita controlando su voluntad. Jesús también lo declaró: "Y Jesús les respondió: de cierto de cierto os digo, que aquel que hace pecado esclavo es del pecado" (Juan 8:34).

2:20: *Ciertamente, si habiéndose ellos escapado de las contaminaciones del mundo, por el conocimiento del Señor y Salvador Jesucristo, enredándose otra vez en ellas son vencidos, su postrer estado viene a ser peor que el primero.*

Cuando una persona conoce las buenas nuevas de Cristo Jesús, se siente feliz porque ha escapado de la contaminación de la maldad que hay en el mundo, y ha empezado una vida sana y ordenada con el Salvador. Sin embargo, muchos guardan el recuerdo de su vida pasada, de desorden, placeres y vicios y, si no han cimentado muy bien su creencia en el evangelio de Cristo Jesús, vuelven a la vida que llevaban anteriormente, para encontrarse en una condición aún peor que la primera.

Jesús ejemplificó tal condición con la ilustración del espíritu impuro expulsado del hombre y no sabe dónde morar: "Entonces va y toma consigo otros siete espíritus peores que él, y entrados moran allí; y el postrer estado de aquel hombre viene a ser peor que el primero. Así también acontecerá a esta mala generación"(Mateo 12: 45).

*2 :21: Porque mejor les hubiera sido no haber conocido el camino de la justicia, que después de haberlo conocido, volverse atrás del santo mandamiento que les fue dado.*

Para las personas que conocieron la verdad, anduvieron en ella y luego regresaron a su vida de tinieblas y oscuridad, les hubiera sido mejor no haberla conocido porque para ellos la situación va a hacer muy crítica. Y esto es lo que nos dice Pablo en que una vez fueron iluminados y gustaron del don celestial, y fueron hechos participe del espíritu santo, y así mismo gustaron de la buena palabra de de Dios y los poderes del siglo venidero, y recayeron, sean otra vez renovados para arrepentimiento, crucificando de nuevo para sí mismos al Hijo de Dios y exponiéndolo a vituperio. Porque la tierra que bebe la lluvia que muchas veces cae sobre ella, y produce hierba provechosa a aquellos por los cuales es labrada, recibe bendición de Dios. Pero la que produce espinos y abrojos es reprobada, está próxima a ser maldecida, y su fin es el ser quemada" (Hebreos 6:4-8 )

*2: 22: Pero les aconteció lo del verdadero proverbio: El perro vuelve a su vómito y la puerca lavada a revolcarse en el cieno.*

Pedro evoca el versículo de Proverbios (26: 11): "Como perro que vuelve a su vómito, así es el necio que repite su necedad". Esta figura retrata a las personas que, después de haber conocido el amor de Dios y vivir una vida llena de amor y felicidad, y confiar en las promesas de Cristo, son seducidas por Satanás y vuelven a la vida pecaminosa que llevaban anteriormente, por no tener bien cimentado lo que han aprendido acerca de Cristo Jesús.

## Bibliografía:

Segunda Epístola del Apóstol Pedro, capítulo 2 (comentario)

La santa Biblia, Antiguo y Nuevo Testamento, revisión de 1960, Antigua versión de Casiodoro de Reina 1569.

# CAPÍTULO 12

## SEGUNDA EPÍSTOLA DEL APÓSTOL PEDRO, CAPÍTULO 3
### (comentario )

## LA PROMESA DE SU VENIDA

3:1: *Amados esta es la segunda carta que os escribo, y en ambas despierto con exhortación vuestro limpio entendimiento.*

El interés principal de Pedro en ambas cartas ciertamente fue el de exhortarnos a no olvidar las enseñanzas que nos dejo Cristo Jesús, avanzar más en la fe cada día y estar listos para su Segunda Venida.

3:2: *Para que tengáis memoria de las palabras que antes han sido dichas por los santos profetas, y del mandamiento del Señor y Salvador dado por vuestros apóstoles.*

No olvidemos lo que Dios nos ha querido decir por medio de los profetas y del evangelio de Cristo Jesús que después de él fue predicado por los apóstoles.

3:3: *Sabiendo primero esto, que en los postreros días vendrán burladores andando según sus propias concupiscencias.*

Lo declarado por Pedro en este verso es exactamente lo que sucede hoy en día. Muchos no creen o no saben que Jesús dijo que volvería por segunda vez. Pablo afirma lo siguiente sobre esto: "Pero el Espíritu nos dice claramente que en los postreros tiempos, algunos apostatarán de la fe, escuchando a espíritus engañadores y a doctrinas de demonios" (1 Timoteo 4:1).

3:4: *Y diciendo ¿dónde está la promesa de su advenimiento? Porque desde el día en que los padres durmieron, todas las cosas permanecen así como desde el principio de la creación.*

Éstas son realmente palabras muy semejantes a las que mucha gente dice cuando oye hablar de la Segunda Venida de Cristo: "Yo he oído hablar de esto desde cuando era niño, ya soy viejo y Cristo no ha venido". Algunos hasta se burlan cuando oyen decir de su Segunda Venida, pero recordemos que cuando Noé comenzó a construir el arca y durante todo el tiempo que duro la construcción —ciento veinte años—, él les predicaba del arrepentimiento porque habría un diluvio y el mundo se acabaría, pero ellos se burlaban de él, y lo llamaban loco. Cuando comenzó el diluvio se dieron cuenta que lo que les habia dicho Noé era verdad; quisieron arrepentirse pero ya era demasiado tarde. Y eso mismo acontecerá muy pronto, posiblemente algunos estemos preparados y listos para la segunda venida de Cristo porque lo estamos esperando, pero una gran mayoría van a estar en sus diversiones mundanales, mas cuando se den cuenta y quieran arrepentirse va a ser demasiado tarde.

3:5: *Estos ignoran voluntariamente que en el tiempo antiguo fueron hechos por la palabra de Dios los cielos y también la tierra, que proviene del agua y por el agua subsiste.*

Si la gente incrédula consultara la Biblia se daría cuenta que un mundo anterior muy parecido al nuestro fue destruido por Dios, y que ahora sucederá lo mismo con la Segunda Venida de Cristo. Pedro también nos recuerda que los cielos y la tierra se formaron de las aguas por la palabra de Dios, lo cual está descrito en el Antiguo Testamento. "Luego dijo Dios: haya expansión en medio de las aguas, y sepárense las aguas de las aguas. E hizo Dios la expansión y separó las aguas que estaban debajo de la expansión y fue así. Y llamó Dios a la expansión cielos, y fue la tarde y la mañana el día segundo. Y dijo también Dios: Júntense las aguas que están debajo de los cielos en un lugar y descúbrase lo seco y fue así. Y llamó Dios a lo seco tierra y la reunión de las aguas llamó mares" (Génesis 1:6-10).

Pablo nos dice lo siguiente: "Por la fe entendemos haber sido constituido el universo por la palabra de Dios, de modo que lo que se ve, fue hecho de lo que no se ve" (Hebreos 11:3).

**3:6:** *Por lo cual el mundo de entonces pereció anegado en agua.*

Mas el mismo Señor destruyó lo que había creado por la maldad que imperaba en el mundo. Y esto lo encontramos también en Génesis: "Y murió toda carne que se mueve sobre la tierra, así de aves como de ganado y de bestias, y de todo reptil que se arrastra sobre la tierra, y todo hombre. Todo lo que tenía aliento de espíritu de vida en sus narices, todo lo que había en la tierra murió" (Génesis 7:21-22).

**3:7:** *Pero los cielos y la tierra que existen ahora están reservados por la misma palabra guardados para el fuego en el día del juicio y de la perdición de los hombres impíos.*

Con el Diluvio Universal Dios destruyó con agua todo lo que había en el mundo, pero hizo una promesa: nunca más volvería a destruir el mundo en esta forma, y como señal de este pacto creó el arco iris, que aparece antes o después de llover.

Dios nos recuerda que no debemos preocuparnos porque él cumplirá su pacto de no destruir más el mundo con agua.

Pero pudiera ser destruido con fuego, porque Dios no hizo ninguna promesa de no destruirlo de esa forma. Pablo, en Tesalonicenses, nos dice lo siguiente: "En llama de fuego para dar retribución a los que no conocieron a Dios ni obedecen al evangelio de nuestro Señor Jesucristo" (Tesalonicenses 1:8).

# EL MOMENTO Y LAS CIRCUNSTANCIAS

3:8: *Más, oh amados, no ignoréis esto: que para el Señor un día es como mil años y mil años como un día.*

Para Dios el tiempo no es igual al tiempo de nosotros los humanos, de tal manera que si hacemos cuentas desde cuando vino Cristo por primera vez sólo han pasado dos días. Pedro, posiblemente, basó su afirmación en el salmo 90: 4: "Porque mil años delante de tus ojos son como el día de ayer que pasó" (Salmos: 90:4).

3:9: *El Señor no retarda su promesa, según algunos la tiene por tardanza, sino que es paciente para con nosotros, no queriendo que ninguno se pierda sino que todos procedan al arrepentimiento.*

Dios, dentro de su gran misericordia, no quiere que nadie se pierda y pone todos los medios necesarios para que los incrédulos puedan saber a cerca de él, y el Espíritu Santo siempre está listo para morar en sus mentes e iluminarlos para que acepten y entiendan la palabra de Dios y se arrepientan. Ese ha sido el motivo de la tardanza para la segunda venida de Cristo, no otro.

Veamos ahora lo que, acerca de ello, dice Pablo en Romanos: "O menospreciáis las riquezas de su benignidad, paciencia y longanimidad, ignorando que su benignidad te guía al arrepentimiento" (Romanos 2:4).

3:10: *Pero el día del Señor vendrá como ladrón en la noche; en el cual los cielos pasaran con grande estruendo; y los elementos ardiendo serán deshechos, y la tierra y las obras que en ella hay serán quemadas.*

La Segunda Venida de Cristo, para los que no creen en ella porque no conocen o no han aceptado su palabra, será como ladrón en la noche, cuando nadie lo espere ni sospeche de su venida. Si sabemos o sospechamos que un ladrón va a venir a nuestra casa a robarnos, vamos a estar preparados y listos tanto de noche como de día para cuando llegue sorprenderlo y no dejarnos robar. Como el ladrón no avisa cuando va a venir a robarnos, nos toma por sorpresa y totalmente desprevenidos, así será la Segunda Venida de Cristo, para los que no creen en él.

"Y los elementos ardiendo serán deshechos, y la tierra y las obras que en ella hay serán quemadas" es otra información que nos da Pedro, pues cuando Cristo venga todo lo que hay en la tierra será destruido con fuego. Así será el fin del mundo.

Pablo reafirma esta información, diciendo: "Porque vosotros sabéis perfectamente que el día del Señor vendrá así como ladrón en la noche. Que cuando digan: Paz y seguridad, entonces vendrá sobre ellos destrucción repentina, como los dolores a la mujer en cinta y no escaparán. Más vosotros hermanos no estáis en tinieblas, para que aquel día no os sorprenda como el ladrón" (1 Tesalonicenses 5:2-4).

Y el mismo Jesús habló de su Segunda Venida: "Estando él sentado en el Monte de los Olivos, los discípulos se le acercaron aparte, diciendo: Dinos, ¿cuándo serán estas cosas y qué señal habrá de tu venida y del fin del siglo? Respondiendo Jesús le dijo: Mirad que nadie os engañe...porque igual que el relámpago sale del oriente y se muestra en el occidente, así será también la venida del Hijo del hombre" (Mateo 24:3, 4, 27).

3:11: *Puesto que todas estas cosas han de ser deshechas como no debéis vosotros andar en santa y piadosa manera de vivir.*

Los que conocemos la Palabra de Dios debemos estar preparados y esperar este gran día con mucha felicidad y fe, porque él nos librará del fuego destructivo y nos dará la salvación eterna. En tanto él viene debemos llevar una vida piadosa y de santidad.

3:12: *Esperando y apresurándoos para la venida del día de Dios, en el cual los cielos, encendiéndose serán deshechos, y los elementos siendo quemados se fundirán.*

Pablo, en su carta a los Corintios, afirma: "De tal manera que nada os falte en ningún don, esperando la manifestación de nuestro Señor Jesucristo" (1 Corintios 1:7).

*3:13: Pero nosotros esperamos según sus promesas, cielos nuevos y tierra nueva, en los cuales morará la justicia.*

Dios, por medio de los profetas, prometió que habrá cielos nuevos y una nueva tierra, donde no habrá enfermedad, no habrá tristeza, no habrá muerte, todo será felicidad porque estaremos viviendo con Cristo Jesús eternamente. Y esto fue lo que dijo Dios a través del profeta Isaías: "Porque he aquí que yo crearé nuevos cielos y nueva tierra; y de lo primero no habrá memoria ni más vendrá al pensamiento" (Isaías 65:17).

# EXHORTACIÓN FINAL

*3:14: Por lo cual, oh amados, estando en la espera de estas cosas, procurad con diligencia ser hallados por él sin mancha e irreprensibles, en paz.*

Por lo general nuestra vida en esta tierra se presenta con muchos problemas, enfermedades y tristeza, pero debemos esperar el grandioso día de la Segunda Venida de Cristo con mucha alegría y con nuestra mente siempre puesta en Cristo Jesús.

Pablo también nos hace la siguiente amonestación: "Así que, hermanos míos amados, estad firmes y constantes, creciendo en la obra del Señor siempre, sabiendo que vuestro trabajo en el Señor no es en vano" (1 Corintios 15:58).

*3:15: Y tened entendido que la paciencia de nuestro Señor es para salvación; como también nuestro amado hermano Pablo, según la sabiduría que le ha sido dada os ha escrito.*

Pedro nos vuelve a recordar que la paciencia de nuestro Señor es para que todos podamos lograr la vida eterna con Cristo.

3:16: *Casi en todas sus epístolas, hablando en ellas de estas cosas; entre las cuales hay algunas difíciles de entender, las cuales los indoctos e inconstantes tuercen, como también las otras escrituras, para su propia perdición.*

Pedro aclara que algunas cosas dichas por él ya habían sido expresadas por Pablo, lo que nos da a entender que Pedro escribió esta carta después de las Epístolas de Pablo.

3:17: *Así que vosotros, oh amados, sabiendo de antemano, guardaos, no sea que arrastrados por el error de los inicuos, caigáis de vuestra firmeza.*

Pedro nos exhorta a que, sabiendo todo lo que nos ha dicho, estemos atentos a la palabra de Dios, no sea que vengan falsos profetas y maestros con doctrinas erróneas y caigamos fácilmente en el error. Pablo también nos amonesta diciendo: "Así que el que piensa estar firme mire que no caiga" (1 Corintios 10:12).

3:18: *Antes bien creced en la gracia y el conocimiento de nuestro Señor y Salvador Jesucristo. A él sea la gloria ahora y hasta el día de la eternidad Amen.*

Con este versículo Pedro termina su segunda carta y lo hace como lo hizo en la primera, recomendándonos y exhortándonos a conocer y crecer en la palabra de Cristo Jesús, a quien debemos dar la gloria por siempre.

## Bibliografía:

Segunda Epistola del apostol Pedro, comentario del capitulo tres.

La santa Biblia revision de 1960. Antigua version de Casiodoro de Reina 1569.

# CAPÍTULO 13

# DESACUERDO POR LA CIRCUNCISIÓN

Como ya mencioné anteriormente, entre los judíos y el resto de la población, los cuales eran llamados gentiles o incircuncisos por los primeros, había grandes diferencias. Los judíos guardaban la ley que Dios había dado a Abrahán y a Moisés. En ella se encontraban los preceptos divinos dados al pueblo judío. Uno de ellos era la circuncisión de todo varón, al octavo día de haber nacido, y los hombres mayores debían de hacerse circuncidar para poder pertenecer al pueblo de Dios.

Los judíos consideraban a los incircuncisos personas antisociales, y no podían entrar a la casa de éstos o reunirse con ellos. Sin embargo, Pablo aceptaba a los incircuncisos: "De manera que, si el incircunciso guardare las justicias de la ley, ¿no será tenida su incircuncisión por circuncisión? Y lo que de su natural es incircunciso, guardando perfectamente la ley, te juzgara a ti, que con la letra de la ley y la circuncisión eres transgresor de la ley. Pues no es Judio el que lo es exteriormente, ni es la circuncisión la que se hace exteriormente en la carne.  es judío quien lo es en lo interior; y la circuncisión es la del corazón, en espíritu no en letra; la alabanza del cual no es de los hombres, sino de Dios" (Romanos 2:26-29).

Con estos argumentos y otros más Pablo defendía la incircuncisión. Pero muchos judíos no lo entendían así, y no aceptaban que los incircuncisos pudieran ser igual a ellos. Había mucha controversia en relación con este tema porque algunos judíos decían que si los gentiles no se circuncidaban, oponiéndose a lo que Dios había ordenado a Abrahán, entonces no podían pertenecer al pueblo de Dios ni ser salvos.

Pablo y Bernabé habían estado enseñando y predicando por dos años en la ciudad de Antioquia, donde se presentó una gran controversia entre estas dos corrientes. El problema fue tal que Pablo y Bernabé no pudieron solucionarlo, y resolvieron, con algunos miembros de la iglesia, ir a Jerusalén para informar a los apóstoles lo que estaba pasando en esta ciudad.

Cuando informaron a los ancianos y a los apóstoles, surgió una fuerte discusión porque no todos estaban de acuerdo con la aceptación de incircuncisos. Algunos opinaban que debían ser circuncidados. Luego Pedro se paró y les narró lo que había pasado en la casa de Cornelio: el Espíritu Santo había descendido sobre los gentiles, y Dios le mostró que no hacía ninguna clase de discriminación, pues para él todos son iguales. Y oídas estas palabras de Pedro, los dirigentes de la iglesia acordaron poner solamente algunos pequeños requisitos, como abstenerse de comer cosas sacrificadas a los ídolos o comer sangre, evitar la fornicación. Con esto dieron por terminado ese gran problema.

Acordaron enviar una carta que fuera llevada por representantes de los apóstoles a Antioquia, donde se les informaba lo que había sido acordado por ellos (A esta reunión se le conoce como el primer concilio de Jerusalén).

# PEDRO Y LA CIRCUNCISIÓN

Pablo afirmaba que a Pedro le había sido encomendado el evangelio de la circuncisión y a él el de la incircuncisión, y que el que actuó en Pedro para el apostolado de la circuncisión, actuó también en él para el apostolado a los gentiles. "Y reconociendo la gracia que me había sido dada, Jacobo, Cefas y Juan, que eran considerados como columnas, nos dieron la diestra a mí y a Bernabé en señal de compañerismo para que nosotros fuésemos a los gentiles y ellos a la circuncisión" (Gálatas 1:7-9).

## DESACUERDO ENTRE PABLO Y PEDRO

Estando Pablo en Antioquía tuvo una fuerte discusión con Pedro. Pablo afirmaba que Pedro tenía una doble moral, pues antes que llegasen algunos de parte de Jacobo, comía con los gentiles, pero después se rehusaba a reunirse y comer con ellos y buscaba apartarse, porque tenía miedo de los de la circuncisión y en su simulación lo seguían otros judíos, de tal manera que aun Bernabé fue también arrastrado por la hipocresía de ellos. Esto disgustó mucho a Pablo y "cuando Pedro vino a Antioquia, lo enfrentó cara a cara porque era de condenar, ya que no andaban rectamente de acuerdo con la verdad del evangelio: Dije a Pedro delante de toda la congregación que se hallaba presente: si tu siendo judío vives como los gentiles y no como judío, ¿por qué obligas a los gentiles a judaizarse?" (Gálatas 2:11-14). Aparentemente éste fue el desacuerdo más fuerte que hubo entre estos dos grandes hombres del cristianismo, o por lo menos es el único que encontramos en la Biblia.

## CREDIBILIDAD DE LOS ACONTECIMIENTOS

Hasta aquí la mayor parte de la información presentada en este libro ha sido sostenida con la Biblia, la cual es un libro de historia cristiana, el más verídico, creíble y antiguo del mundo; y como libro sagrado, todo lo que contiene fue inspirado por Dios para cada uno de nosotros.

Para saber algo del pasado tenemos que recurrir a los libros de historia, creer y quedar convencidos de que lo registrado en ellos sobre los sucesos ocurridos es correcto y verídico, porque no hay una sola persona viva de épocas pasadas para que nos confirme si sucedió así o no.

En el caso de Jesús, Pedro y los demás apóstoles sucede lo mismo. No hay nadie vivo de esa época que confirme los hechos. Pero tenemos la Biblia que nos da la información, la cual debemos de creer, seguros de que ésta es verdadera.

## POSIBLE VIAJE DE PEDRO A ROMA

Se considera posible el viaje de Pedro a Roma porque la Biblia no habla absolutamente nada de él, ni el mismo Pedro menciona algo acerca de esto en sus dos cartas, tampoco los cuatro evangelistas ni Hechos de los Apóstoles. Mientras la iglesia Católica tiene la plena convicción de que Pedro fue a Roma y llegó a ser obispo, la mayoría de los biógrafos e historiadores bíblicos afirman que nunca sucedió y presentan algunos argumentos para sostener su negativa.

"Ruego a los ancianos que están entre vosotros, yo, anciano también como ellos y testigo de las aflicciones de Cristo, que soy también participante de la gloria que ha de ser revelada: apacentad la grey de Dios que está entre vosotros, teniendo cuidado de ella, no por fuerza, sino voluntariamente; no por ganancia deshonesta, sino de un ánimo pronto" (1 San Pedro 5:1, 2).

Pedro alude al término anciano como dirigente de la iglesia, el único puesto o grado que, hasta este momento, él mismo reconoce desempeñar. Se trata de un puesto en el consejo de la dirección de la Iglesia y no de anciano de edad, porque les da recomendaciones para el futuro de la iglesia.

Pedro no menciona el lugar preciso desde donde escribe y envía la primera carta. Cuando se despide dice: "La iglesia que está en Babilonia, juntamente elegida con vosotros, y Marcos mi hijo os saludan. Saludaos unos a otros con ósculo de caridad. Paz sea con todos vosotros los que estáis en Jesucristo. Amén" (1 Pedro 5: 13 y 14).

No menciona ni da una idea dónde pudiera estar esta iglesia, y con el nombre Babilonia hubiera podido referirse posiblemente a Roma, al oriente o a Asia. Pero no hay una certeza absoluta que hubiera podido estar en algún de estos lugares.

Pedro escribe una segunda carta esta es Universal no tiene un destinatario específico. En ella reconoce que su muerte está muy cerca y hace algunas recomendaciones a la iglesia para después de su muerte: "Sabiendo que brevemente tengo que dejar mi tabernáculo, como nuestro Señor Jesucristo me ha declarado. También yo procuraré con diligencia que después de mi fallecimiento vosotros podáis siempre tener memoria de estas cosas" (2 Pedro 1:14-15). Pero lo mismo que en la primera carta, Pedro no da ninguna idea del lugar o ciudad en que se encontraba.

Algunos alegan la residencia de Pedro en Roma por una carta que envió a Dionisio de la iglesia de Corintios a la iglesia de Roma. Y sobre esta carta, Michael Grant, en su libro *Saint Peter*, en el capítulo *Peter en Roma*, hace el siguiente comentario: Una temprana evidencia para los que creen en la residencia de Pedro en Roma que puede ser tenida con alguna exactitud, viene de Dionisio de Corintios, ello fue durante el obispado de Soter 166 D.C. Dionisio escribió a la iglesia de Roma expresando su gratitud a los miembros por su asistencia financiera. Parte de la carta ha sido reproducida por Eusebio, en esta carta Dionisio dice: "Es lo recto y propio que las iglesias de Roma y Corintios han podido operar en unión desde cuando ambas fueron fundadas juntamente por Pedro y Pablo".16

Pablo, en su Carta a los Romanos, escrita entre los años 56 y 57 D. C. comenta que ha tenido el propósito de ir a visitarlos, pero ciertos inconvenientes se lo han impedido, sin embargo espera en el menor tiempo posible poder ir para tener algún fruto con ellos. Pero en ningún momento menciona a Pedro en la carta: "Porque testigo me es Dios, al cual sirvo en mi espíritu en el evangelio de su Hijo, que sin cesar me acuerdo de vosotros siempre en mis oraciones. Rogando, si al fin algún tiempo haya de tener por la voluntad de Dios, próspero viaje para ir a vosotros; es a saber, para ser juntamente consolado con vosotros por la común fe vuestra y juntamente mía. Porque os deseo ver, para repartir con vosotros algún don espiritual para confirmaros; es a saber, para ser juntamente consolado con vosotros por la común fe vuestra y juntamente mía. Mas no quiero, hermanos, que ignoréis que muchas veces me he propuesto ir a vosotros, empero hasta ahora he sido estorbado, para tener también entre vosotros algún fruto, como los demás gentiles, a griegos y a bárbaros, a sabios y a no sabios soy deudor. Así que cuanto a mí, presto estoy a anunciar el evangelio también a vosotros que estáis en Roma" (Romanos 1:9-15).

Pablo escribió esta carta desde la ciudad de Corintios, de cuya iglesia fue fundador, pero en cuanto a la fundación de la iglesia judeocristiana de Roma, él mismo reconoce no ser el fundador, pues cuando escribió esta carta ya la iglesia estaba establecida. No parece conocer la iglesia y nunca haber estado con ellos. Tampoco menciona acerca de Pedro. Pero no quiero, hermanos, que ignoréis que muchas veces me he propuesto ir a vosotros (pero hasta ahora he sido estorbado), para tener también entre vosotros algún fruto, como entre los demás gentiles." (Romanos 1: 13).

Algunos historiadores Bíblicos dicen que posiblemente Pedro estuvo en Roma entre los años 58 y 64, en este último fue su ejecución. Pedro no fue el fundador de la iglesia romana porque Pablo lo hubiera mencionado cuando escribió acerca de la fundación de la iglesia en Roma. Ni Pedro ni Pablo fueron los fundadores de la iglesia cristiana de Roma. Posiblemente su fundación ocurrió alrededor del año cuarenta, tal vez por algún viajero desconocido o por algún soldado venido de Jerusalén.17

La iglesia judía existía en Roma desde hacía muchos años antes. En un principio fue una iglesia judeocristiana, que después de algunos años se convirtió en cristiana.

Algunos historiadores Bíblicos dicen que Pedro nunca estuvo en Roma y el centro principal de sus actividades fue Jerusalén. Pero estos diferentes argumentos no indican necesariamente que Pedro no hubiera viajado o estado en Roma. Él pudo haber viajado y haber vivido en Roma, pero por un corto tiempo, posiblemente de cinco a seis años, y no veinticinco años como sostiene la iglesia Católica.

La epístola del apóstol san Pablo a los Romanos fue escrita desde la ciudad de Corintios entre los años 56 y 57 D. C. según historiadores bíblicos, y en ella manda saludos a mucha gente, alrededor de unas veintinueve personas, cada una por su nombre, entre los que no figura el de Pedro. Si en esta época Pedro hubiera estado en Roma, hubiera sido el primero al que Pablo hubiera saludado, ya que ambos eran apóstoles y eso hubiera sido lo más correcto y lógico.

En otra carta, que Pablo escribe a Filemón, habla de sus prisiones. Lo más seguro es que estaba en Roma y esto ocurre en el año sesenta y uno. Cuando Pablo se despide menciona a Epafras como su compañero de prisión, después luego nombra a Marcos, Aristarco, Demás y Lucas como sus colaboradores, pero no menciona en absoluto al apóstol Pedro.

## Bibliografía:

La Santa Biblia antiguo y nuevo testamento revisión 1960, Antigua versión de Casiodoro de Reina 1569.

16) Michael Grant, *Saint Peter*, Editorial Scribner, New York. USA, primera edición 1995. Capítulo 12 *Peter in Roma*, Pág. 148.

17) Ibid., Capítulo 12 pág.150

# CAPÍTULO 14

# MUERTE DE PEDRO

En los actos reportados de Pedro, encontramos que cuando Nerón inició la persecución contra los cristianos en el año 64 D. C., según algunos historiadores, Pedro se hallaba en Roma y en este año posiblemente fue su muerte.

Ha habido una gran discusión sobre el martirio de Pedro y su muerte en la ciudad de Roma. Pero si en realidad el martirio y muerte de Pedro ocurrió en la ciudad de Roma, lo más probable es que fue ejecutado durante la persecución del emperador Nerón, que comenzó en una forma muy fuerte y drástica en el año 64 después del incendio de Roma, del cual Nerón culpó a los cristianos. Esta persecución terminó en el año 68 D. C. cuando Nerón fue destituido por el senado.

Cuando Pablo escribió la primera carta a Timoteo lo hizo desde Roma y fue posiblemente en el año 62 D. C. y para esta fecha Pedro debía de estar en Roma, pero Pablo en esta carta no menciona absolutamente nada sobre Pedro. Lo más lógico es que siendo ambos apóstoles, y muy seguramente amigos, Pablo hubiera comentado que Pedro se encontraba con él o allí en Roma predicando el evangelio de Cristo.

Según algunos historiadores bíblicos, Pedro fue sentenciado a muerte en el año 64 D. C. Pablo escribe una segunda carta a Timoteo, que fue escrita también desde Roma en el año 68 D.C., año de la muerte de Pablo, dos años después de la muerte de Pedro. En esta carta Pablo hace algunas recomendaciones a Timoteo y manda saludar a algunas personas que él conoce y a decir que se encuentra en Roma. Pero como en la primera carta, en ésta no alude a Pedro, cuando lo más lógico es que hubiera comentado algo sobre la muerte de éste; pero sí afirma que Lucas estaba ahí. Si Pedro era un apóstol muy importante, hubiera podido decir por lo menos algo de su muerte, si es que en realidad ya había muerto; o si estaba vivo aún, hubiera hablado algo sobre él.

Veamos lo más importante que Pablo dice a Timoteo en esta segunda carta: "Pero tu vela en todo, soporta las aflicciones, haz la obra de evangelista, cumple tu ministerio. Porque yo ya estoy para ser ofrecido y el tiempo de mi partida está cercano. He peleado la buena batalla, he acabado la carrera, he guardado la fe. Por lo demás, me está guardada la corona de justicia, la cual me dará el Señor, Juez justo, en aquel día; y no sólo a mí, sino también a todos los que aman su venida. Procura venir presto a mí: porque Demas me ha desamparado amando este siglo, y se ha ido a Tesalónica; Crecente, a Galicia; Tito, a Dalmacia. Lucas sólo está conmigo. Toma a Marcos y tráelo contigo, porque me será muy útil para el Ministerio. A Tíquico lo envié a Éfeso. Trae cuando vinieres, el capote que deje en Troas en casa de Carpo: y los libros, mayormente los pergaminos. Alejandro el calderero me ha causado muchos males; el Señor le pague conforme a sus hechos… Enasto se quedó en Corintio, y a Trófimo dejé en Mileto, enfermo. Procura venir antes del invierno. Eubulo te saluda, y Pudente, Lino, Claudia y todos los hermanos" (2 Timoteo 4:5–15, 20, 21).

Ante el mutismo de Pablo y los otros evangelistas sobre la estadía de Pedro en la ciudad de Roma y su muerte en esta ciudad, inclusive del mismo Pedro sobre este tema, es que se han presentado las dudas y las discrepancias sobre si Pedro en realidad vivió y murió en Roma.

Queridos lectores, hasta aquí hemos seguido la vida de Pedro muy de cerca desde cuando fue llamado por Jesús para ingresar a su ministerio como discípulo y apóstol; después de la muerte de Jesús como dirigente de la naciente Iglesia Judeocristiana, actividad que realizó la mayor parte del tiempo desde Jerusalén, y como predicador del evangelio de Jesús en distintas partes.

Pero de acuerdo con la santa Biblia y la mayoría de los historiadores de la antigüedad cristiana, ni Pedro ni alguno del resto de los apóstoles llegaron a obtener el título de obispo de Jerusalén, de Roma o de cualquier otra ciudad. Las palabras de Pedro testifican que no fungió como papa: "Ruego a los ancianos que están entre vosotros, yo anciano también con ellos, y testigo de los padecimientos de de Cristo, que soy también participante de la gloria que será revelada" (1 Pedro 5: 1). Él se reconoce anciano, si hubiera sido obispo, lo más natural es que hubiera dicho "yo obispo de Roma" o de X ciudad.

No existe argumento bíblico o de cualquier otra clase que confirme que Pedro fue el primer papa como afirman los católicos. No existe información documentada que compruebe tal afirmación.

Jesús nació en un hogar cien por ciento Judío, tanto María su madre como José, eran personas muy creyentes, muy piadosas de Dios y muy cumplidores de todos los ritos religiosos Judíos. Por eso Jesús fue circuncidado y presentado en el templo cuando tuvo la edad para hacerlo.

Cuando Jesús inicio su ministerio, la mayoría de sus predicaciones las hacía en la sinagoga y en ellas enseñaba. "Y cada sábado iba a la sinagoga a participar del servicio religioso (Lucas 4:15). Y vino a Nazaret, donde había sido criado; y entró conforme a su costumbre, el día del sábado en la sinagoga, y se levanto a leer" (Lucas 4:16).

Jesús muchas veces reprendió duramente por los errores que cometían las sectas de los escribas, fariseos y saduceos, pero nunca dejó de ser judío ni de cumplir con todos los ritos religiosos de su pueblo. Hasta un día antes de su muerte celebró una de las grandes fiestas religiosas judías de esa época, y aun en la actualidad, la Pascua: la conmemoración del día en que Dios sacó de Egipto al pueblo judío, librándolos de la esclavitud: "El primer día de la fiesta de los panes sin levadura, vinieron los discípulos de Jesús diciéndole ¿dónde quieres que aderecemos para ti para comer la Pascua? Y él dijo: Id a la ciudad y a cierto hombre y decidle el Maestro dice: mi tiempo está cerca, en tu casa celebraré la Pascua con mis discípulos" (Mateo 26:17 y 18).

Todas las exhortaciones, predicaciones y enseñanzas estaban dirigidas al pueblo judío y eso lo podemos ver cuando Jesús envió a sus doce discípulos a predicar, a sanar enfermos a limpiar leprosos y a echar fuera demonios y a resucitar muertos, y les ordenó ir antes a las ovejas perdidas de la casa de Israel: "A estos doce envió Jesús, a los cuales dio mandamiento, diciendo: por el camino de los Gentiles no iréis, y en ciudad de samaritanos no entréis. Y yendo, predicad, diciendo: El reino de los cielos se ha acercado. Sanad enfermos, limpiad leprosos, resucitad muertos, echad fuera demonios: de gracia recibisteis, dad de gracia" Mateo 10:5-8).

Si Jesús era judío se sobreentiende que sus discípulos eran judíos, piadosos, creyentes en Dios y guardadores de la ley y de todos los ritos religiosos judíos.

Uno de esos ritos religiosos y también un mandamiento divino era guardar el sábado y dedicarlo para honrar y glorificar a Dios.

Después de la muerte de Jesús los apóstoles siguieron observando la ley judía y los ritos religiosos, y predicando las nuevas enseñanzas que habían recibido de Jesús, pues ninguno renunció a su religión.

Hechos de los apóstoles narra del día en que Pedro y Pablo entraban al templo a la hora de oración como acostumbraban hacerlo. Esto sucedió después de la muerte de Jesús (Hechos 3:1). Los apóstoles siguieron cumpliendo y observando estrictamente el cuarto mandamiento, que se refiere a la observancia del día de reposo, es decir, del séptimo día para honrar y glorificar a Dios: "Y partidos de Paphos. Pablo y sus acompañantes arribaron a Perge de Pamphylia, entonces Juan apartándose de ellos regreso a Jerusalén. Y ellos pasando de Perge llegaron a Antioquía de Pisidia y entrando en la sinagoga un día de sábado y sentáronse. Y después de la lectura de la

Ley y de los Profetas, los principales de la sinagoga enviaron a ellos diciendo: Varones, si tenéis alguna palabra de exhortación para el pueblo, hablad" (Hechos 13:13-15).

Pablo tuvo muchos problemas en Jerusalén y debido a eso apeló al Cesar y fue llevado a Roma: "Cuando llegamos a Roma el centurión entregó los presos al prefecto Militar, mas a Pablo le fue permitido estar por sí solo con un soldado que lo guardase. Y aconteció que tres días después Pablo convocó a los principales de los Judíos, a los cuales, luego que estuvieron juntos les dijo: Yo, hermanos, no habiendo hecho nada contra el pueblo, ni contra los ritos de la patria, he sido entregado desde Jerusalén en manos de los romanos" (Hechos 28:16-17).

La primera y segunda comparecencia del apóstol Pablo ante la corte del Cesar ocurrió durante el mandato de Nerón, quien fue emperador desde el año 54 hasta 68 D. C., año en que fue destituido por el senado.

Según algunos historiadores y escritores de esa época, posiblemente la primera comparecencia de Pablo ante la corte del emperador ocurrió en el año 58 D.C. del mandato de Nerón; su segunda comparecencia, encarcelamiento y ejecución ocurrió en el año 68 D. C., de tal manera que habían trascurrido unos 25 años desde la muerte de Jesús, y Pablo seguía siendo judeocristiano.

# SEGUIDORES DE CRISTO SON LLAMADOS CRISTIANOS

En el tiempo en que Jesús llevó a cabo su ministerio y por unos años después de su muerte, esta nueva doctrina o religión no tenía un nombre. Muchos consideraban judíos a los seguidores de Jesús. Fue en la ciudad de Antioquia, donde Bernabé y Pablo permanecieron por un año predicando y enseñando, cuando la gente se preguntaba ¿quiénes son estos que hablan de un tal Cristo? y llegaron a la conclusión que si eran seguidores de un hombre llamado Cristo, entonces sus seguidores debían llamarse cristianos. Desde entonces comenzaron a llamar cristianos a los seguidores de Cristo y la religión comenzó a conocerse como judeocristiana. Pero los primeros judeocristianos no creían que pertenecían a una nueva religión, puesto que habían sido judíos toda su vida y continuaban siéndolo.

Los judeocristianos creían que el Mesías, Jesucristo, ya había venido y los que seguían el judaísmo continuaban aguardando su advenimiento. Por lo tanto el mensaje a los judíos no era que debían dejar de serlo, sino al contrario, ahora que la edad Mesiánica había iniciado debían ser mejores judíos. Y la predicación a los gentiles no era ingresar a una nueva religión recién creada, sino invitarlos recibir también las bendiciones que Dios otorgaba al pueblo judío. 18

El judaísmo no era una religión rival para el cristianismo, sino la misma religión, y para judíos no cristianos la situación era la misma. El cristianismo no era una nueva religión sino una secta dentro del judaísmo.

Todos sabemos que el judaísmo del siglo primero no era una religión monolítica, sino que había en él diversas sectas, como la de los escribas, los fariseos, los saduceos y otras.

Los judeocristianos seguían observando estrictamente el día sábado como día de reposo, dedicado al culto y adoración a Dios y todas las otras grandes fiestas y ritos religiosos que Dios les había dado y ordenado celebrar rigurosamente.

Hechos de los Apóstoles nos dice lo siguiente en relación con Pablo: "Y llegó a Éfeso y los dejó allí; y entrando en la sinagoga discutía con los judíos, los cuales le rogaban que se quedase con ellos por más tiempo, mas el no accedió, siendo que se despidió de ellos, diciendo: Es necesario que en todo caso yo guarde en Jerusalén la fiesta que viene [la pascua judía]; pero otra vez volveré a vosotros, si Dios quiere. Y zarpó de Éfeso" (Hechos 18: 19- 21).

Aun cuando los judíos consideraban el cristianismo como una nueva secta más del judaísmo, muchos no estaban de acuerdo con ella, y creían que iba contra los principios religiosos que Dios había dado a

Abrahán y a Moisés. Por eso continuamente los judíos recriminaban y acusaban a los judeocristianos. Había muchos problemas entre ellos, y las discusiones, por lo general, siempre eran ganadas por los judíos porque eran mayoría.

Después de lo sucedido en la casa de Cornelio en la ciudad de Cesárea, cuando por medio del apóstol Pedro Dios permitió a los gentiles ser parte de su pueblo, comenzaron a aceptar el judeocristianismo muchas personas de diferentes creencias, principalmente de religiones paganas. Otras entraban por curiosidad para cerciorarse de qué se trataba esa nueva religión; unos más porque veían que los apóstoles hacían muchos milagros y querían recibir esas bendiciones que Dios otorgaba por medio de ellos. Había quienes entraban porque realmente estaban convencidos de las buenas nuevas de Jesús, que estaban siendo enseñadas por medio de los apóstoles. Y otros entraban para criticar y trabajar como espías dentro del cristianismo, para tratar de destruirlo, lo cual el mismo Paulo reconocía: "Y eso por causa de los falsos hermanos, que entraban secretamente para espiar nuestra libertad que tenemos en Cristo Jesús, para ponernos en servidumbre" (Gálatas 2:4).

Esto sucedía cuando los apóstoles aún vivían, y de esta manera poco a poco se hacía mayor la brecha entre judíos y judeocristianos. Después de la muerte de los apóstoles, la diferencia se acentuó cada día más hasta llegar al punto de separarse totalmente.

# DISTANCIAMIENTO ENTRE JUDIOS Y JUDEOCRISTIANOS

A medida que la iglesia judeocristiana crecía y se hacía importante en Roma, el Imperio y sus ciudadanos se comenzaron a dar cuenta que tanto judíos como judeocristianos, a pesar de tener muchas cosas en común, no compartían las mismas creencias, y comenzó la persecución contra los judeocristianos, entre los romanos y en todo el Imperio.

El culto y la alabanza al emperador romano era utilizado para mantener la unidad y lealtad al imperio. Los judíos y judeocristianos adoraban a un solo Dios, diferente a los dioses del resto de los ciudadanos del Imperio. Por lo tanto, los consideraban gente con ideas religiosas muy raras. Y al negarse a rendir culto y adoración al Emperador se convertían en un obstáculo para el Imperio. Éste fue el punto neurálgico que originó la persecución contra los cristianos, quienes, al negarse a rendir culto al emperador, fueron considerados traidores y desleales, por lo que muchos fueron castigados con la pena de muerte.

A comienzos del año 300 D. C. la división entre judíos y judeocristianos era muy evidente, aunque éstos seguían observando el día sábado como día santo de reposo y absteniéndose de comer cosas inmundas. Las diferencias en cuanto a la circuncisión permanecían pero muchos la aceptaban, lo cual indica que seguían practicando muchos de los ritos del judaísmo.

Por muchos años el cristianismo siguió realizando el culto y todos sus servicios religiosos en las sinagogas, pero a medida que la iglesia judeocristiana crecía se fue separando y comenzaron a establecer sus propias iglesias, pero sin dejar de profesar las raíces judías y demás ritos religiosos.

Cuando los cristianos comenzaron a llegar a Roma y fueron divulgando sus creencias, el Imperio principió la persecución, especialmente el emperador Nerón, que llegó al poder en el año 54 D. C. Éste desató una persecución de crueldad contra los cristianos, la cual duró hasta el año 68 D. C., cuando el senado romano lo destituyó y, quien al verse solo, huyó y se suicidó.

A Nerón lo sucedió Vespasiano, quien continuó la persecución. Los emperadores sucesores de éstos, por estar dedicados a las guerras que continuamente sostenía el Imperio Romano y a la defensa de las conquistas territoriales que iba adquiriendo, no dieron tanta importancia a la persecución contra los cristianos. Prácticamente todo el siglo segundo los cristianos gozaron de una relativa calma.

A principios del siglo tercero ejerció el cargo de emperador Séptimo Severo, quien se dedicó a restablecer la autoridad en el Imperio, ya que se había visto debilitada por las luchas internas y, además, se presentaba el peligro de un ataque externo.

En vista de tal situación, el emperador se dedicó a unir a todo el Imperio bajo una sola religión, la del culto al dios Sol. Pero no todos los grupos religiosos que conformaban el imperio estaban de acuerdo con la política del emperador. Y para detener especialmente a los cristianos, Séptimo Severo ideó un plan que les daría muy buenos resultados: prohibir por medio de un decreto de ley la conversión de cualquier persona al cristianismo. La desobediencia a dicha ley sería castigada con la pena de muerte.

Fuera de esta ley había otra que había sido dictada anteriormente y que obligaba a todo residente del Imperio a ofrecer culto y adoración a los dioses páganos y al emperador. El incumplimiento de esta ley era castigada severamente.

El emperador creía que con estas dos leyes conseguiría la estabilidad y, en consecuencia, la unidad del Imperio. Recordaban que anteriormente habían sido utilizados métodos muy crueles, como el enfrentamientos de cristianos con fieras, pero no les habían dado muy buenos resultados, al contrario, habían visto aumentar el número de cristianos.

El resultado de todo esto fue un nuevo recrudecimiento de la persecución contra los cristianos, al estilo del siglo anterior, y especialmente contra los nuevos conversos y maestros que fueran apareciendo. El edicto también ordenaba quitarles las iglesias y quemar todos los libros sagrados. Este suceso acaeció en el año 202 D. C. y marcó una época de ingrato recuerdo en la historia del cristianismo.[19]

Después llegó un periodo de relativa calma para los cristianos, hasta el año 249 D. C. cuando Decio se convirtió en emperador. Él comenzó su mandato diciendo que no quería mártires, sino apóstatas, y sobre eso basó su política del imperio, en relación con grupos religiosos que no eran paganos. Todos sin excepción de ninguna clase debían rendir culto al emperador y adoración y alabanza a los dioses paganos. Cada uno debería obtener un certificado como prueba de que estaban cumpliendo con esa ley y obedeciendo al Imperio, y quienes no tuvieran este certificado serían considerados violadores de la ley y juzgados como criminales.20

La nueva ley tomó por sorpresa a muchos cristianos. Algunos decidieron obedecer este mandato, otros resolvieron con algún dinero conseguir el certificado, y los que decidieron permanecer firmes en su fe, tuvieron que soportar la crueldad del Imperio. Pero esto no duró mucho. En el año 251 D. C. Galo sucedió a Decio y la persecución disminuyó; lo sucedió Valerio, quien en el año 260 D. C. fue tomado prisionero por los persas y la iglesia gozó de una relativa calma por cerca de cuarenta años.

En el año 284 D. C. llego a emperador Diocleciano. A fines del siglo tercero se desató la última y más terrible persecución cuando Diocleciano organizó el Imperio en una tetrarquía, dos emperadores compartían el título de "AUGUSTO: "Diocleciano en el Oriente y Maximiano en el Occidente. Otro emperador regía bajo el título de "CESAR, Galerio sujeto a Diocleciano, y Constancio Cloro, a Maximiano. Pero este sistema perduró mientras Dicocleciano se mantuvo en el poder. Con este sistema el Imperio gozó de calma y prosperidad, y los cristianos y judíos también gozaron de paz.

Los judíos habían solicitado al Imperio romano que les permitieran no ir al ejército debido a que ellos guardaban estrictamente el día sábado como día de reposo, y en el ejército les sería muy difícil o imposible guardarlo. También argumentaban que el ejército continuamente realizaba ceremonias religiosas de adoración y alabanza a los dioses paganos del Imperio y a ellos, por sus creencias religiosas, les sería muy difícil hacerlo. El emperador estudió el caso y les concedió la prerrogativa de no ir al ejército.

Los cristianos o judeocristianos, al saber de la gran bendición que Dios había otorgado a los judíos, hicieron lo mismo: presentaron su solicitud ante el Imperio, demostrando que para ellos les era también muy difícil cumplir con el ejército por sus creencias religiosas. Presentaron un argumento de mucho peso: que en cualquier momento de una batalla ellos podían matar a algún enemigo locual por sus creencias cristianas no les era permitido. Muchos jóvenes Cristianos no querían inscribirse en el servicio militar, y otros tantos que estaban prestando el servicio militar, al intentar escapar, algunos fueron muertos y otros encarcelados.

El Imperio estudió el caso de los cristianos, pero les fue negada la solicitud. Ante tal actitud de los cristianos en cuanto al servicio militar, Galerio se dio cuenta del grave peligro que representaban los cristianos en el ejército, porque él presumió que en cualquier momento decisivo de una batalla los cristianos podían negarse a obedecer una orden militar y eso podría poner en un grave peligro al ejército y al Imperio. Galerio se presentó ante Diocleciano con muchos argumentos sobre este tema demostrando la necesidad que tenía el Imperio por su seguridad de expulsar a todos los cristianos del ejército. Fueron tan convincentes los argumentos que presentó Galerio que convenció a Diocleciano y éste dio la orden de la expulsión a todos los cristianos del ejército. 21

Después se presentaron algunos disturbios en varias regiones del imperio. Diocleciano sospechaba que los cristianos los provocaban, por lo que decretó que todos los jefes de la iglesia fueran encarcelados y todos los cristianos debían alabar a sus dioses paganos. Lo cual desató una cruenta persecución contra los cristianos y, al igual que cuando el emperador Decio, se incitaba por todos los medios posibles a que los cristianos abandonaran su fe.

En el año 304 D. C. Diocleciano enfermó y dejó el mando a Maximiano, quien por presiones renunció al cargo. Para que la tetrarquía siguiera funcionando había que reorganizar el mando del Imperio y así sucedió. Fueron nombrados cesares Constancio Cloro, quien ocupó el puesto de Maximiano y Galerio, que reemplazó a Diocleciano. Fueron nombrados augustos Severo Séptimo, bajo Constancio Cloro, y Maximino Daza, bajo Galerio. Pero estos nombramientos no fueron bien recibidos por los soldados, entre quienes eran muy conocidos y populares los hijos de Constancio Cloro y Maximino Daza, Constantino y Majencio, respectivamente.22

Es en esta época cuando surge a la luz el nombre del hombre que cambió por completo al imperio Romano y a la religión cristiana: C O N S T A N T I N O.

## Bibliografía

Nuevo testamento, la Santa Biblia revisión 1960, Antigua versión de Casiodoro de Reina 1569.

18) Justo L. González, *Historia del Cristianismo*, tomo 1, Editorial Unilit, Miami, Florida USA, 1994, Capítulo 5, *Los primeros conflictos con el Estado, la nueva secta judía* pág. 47y 49, *Persecución bajo Decio*, pág. 107.

19) Ibíd., capitulo 12 La gran persecución y el triunfo final, Pág. 121.

20) Ibíd., Capitulo 3 La persecución del siglo tercero, bajo Decio. Pág. 106-107

21) Ibíd., Pág. 120.

# CAPÍTULO 15

## CONSTANTINO

### QUIÉN FUE CONSTANTINO

Flavius Valerius Constantino nació *en el ano* 272 D.C. en Naissus. Su madre fue Helena. Recibió muy buena Educación. Su primera esposa fue Minervina de quien tuvo a su hijo Crispus. Con su segunda esposa, Constancia, tuvo dos hijos. Trabajó en la corte diocleciana del año 293 al 305 D. C. Fue coemperador del año 306 al año 323 D. C., y emperador único del Imperio del año 324 al año 337 D. C. Murió en el año 337 D. C.

Constantino trabajaba en la corte de Galerio, dejó su cargo y se unió a su padre, Constancio Cloro, y a la muerte de éste los soldados lo nombraron AUGUSTO. También nombraron nuevo augusto para occidente a Licinio. Había dos augustos, Galerio y Licinio, y bajo ellos dos hijos de augustos: Constantino y Maximino Daza.

En esta época hubo persecuciones contra los cristianos en algunas partes del Imperio, especialmente donde gobernaba Valerio. Pero el 30 de abril del año 311 sucedió algo que nunca se habían imaginado los cristianos cuando Galerio enfermó: decretó su famosa proclamación de tolerancia para los cristianos.

"Entre todas las leyes que hemos proclamado por el bien del estado, hemos intentado restaurar las antiguas leyes y disciplina tradicional de los romanos. En particular hemos procurado que los cristianos, que habían abandonado la religión de sus antepasados, volviesen a la verdad. Porque tal terquedad y locura se habían posesionado de ellos que ni siquiera seguían sus primitivas costumbres, sino que se han hecho sus propias leyes y se han reunido en grupos distintos. Después de la publicación de nuestro edicto, ordenando que todos volviesen a las costumbres antiguas, muchos obedecieron por temor al peligro, y tuvimos que castigar a otros. Pero hay muchos que todavía persisten en sus opiniones, y nos hemos percatado de que no adoran ni sirven a los dioses ni tampoco a su propio Dios. Por lo tanto, movidos por nuestra misericordia a ser benévolos con todos, hemos creído justo extenderles también a ellos nuestro perdón, y permitirles que sean cristianos y que vuelvan a reunirse en sus asambleas, siempre que no atenten contra el orden público. En otro edicto daremos instrucciones acerca de esto a nuestros magistrados. A cambio de esta tolerancia nuestra, los cristianos tendrán la obligación de rogarle a su Dios por nuestro bienestar, por el bien público y por ellos mismos, a fin de que la república goce de prosperidad y ellos puedan vivir tranquilos".

Este edicto puso fin a la última y más cruenta persecución que sufrieron los cristianos por parte del Imperio Romano. Y pronto se abrieron las puertas de las cárceles, de las que salió un torrente de personas incapacitadas (sin piernas, ciegas, etc.) y otras muy maltratadas, pero muy gozosas porque después de tantos sufrimientos veían de nuevo la libertad y la oportunidad de poder alabar y glorificar a su Dios.

Galerio murió cinco días después de publicar el decreto. Mientras tanto Constantino se preparaba para tomar el poder total. El Imperio quedó en manos de Licinio, Maximino Daza, Constantino y Majencio. En cuanto a la política hacia los cristianos fue de tolerancia por parte de Licinio, Constantino y Majencio, pero en los territorios ocupados por Maximino Daza la persecución contra los cristianos continuaba. 23

Constantino reunió todo su ejército en Galia y marchó hacia Roma en el 312 D C., donde se encontraba Majencio, a quien tomó por sorpresa; éste no tuvo tiempo de organizar su ejército por lo que pronto fue perdiendo terreno. Todo lo que pudo hacer fue reunir su ejército en Roma y salir al encuentro de Constantino, quien avanzaba rápidamente.

Existen muchas conjeturas e historias sobre lo que Constantino hizo antes de la batalla final. Uno de los historiadores, Lactancio, relata que Constantino tuvo una revelación en un sueño y recibió la orden de poner un símbolo cristiano sobre el escudo de sus soldados. Otro historiador, Eusebio, afirma que en la visión vio en las nubes la palabra "con este signo vencerás" (*In hoc signo vinces*). Pero en todo caso fuera lo que fuese, Constantino ordenó a todos sus soldados que para la batalla del día siguiente contra Majencio todos llevaran puesto sobre su uniforme las letras X y P que son las dos primeras letras de la palabra Cristo en el idioma Griego, XPISTOS. 24 Lo más importante fue que, cuando Majencio luchaba sobre el puente del río Milvio, el puente se derrumbó, Majencio cayó al río y se ahogó. En esa forma Constantino ganó la batalla y quedó gobernador de todo el Occidente. 24

Constantino atribuyó su victoria sobre su rival a la ayuda del Dios de los cristianos, luego siguió rápidamente hacia Milán donde se reunió con Licinio, se aliaron y llegaron al acuerdo de finalizar la persecución contra los cristianos y devolverles sus iglesias para que pudieran reunirse nuevamente en ellas. Les entregaron también los cementerios y todas las propiedades que les habían sido confiscadas por los anteriores emperadores.

Así, Constantino, se convirtió en gobernante del Imperio Romano Occidental. Rápidamente se convirtió también en el jefe de la iglesia. El impacto de Constantino en la iglesia cristiana fue enorme. Sentó las bases para el futuro de la iglesia.

El Imperio Romano era muy extenso, mas no para Licinio y Constantino, porque cada uno planeaba quedarse único gobernador de todo el imperio. Constantino ofreció a Licinio la mano de su media hermana, e insistió hasta que lo consiguió. Así quedaba sellada una unión más íntima entre los dos, de tal manera que el único enemigo que tenían ellos a la vista era Maximino Daza. Licinio lo derrotó, por lo tanto ya no quedaban sino los dos emperadores, Constantino en el Occidente y Licinio en el Oriente. No iba a permanecer mucho tiempo el Imperio dividido porque ambos tenían la ambición de quedarse con todo el poder. Una escaramuza de las tropas de Constantino en el territorio de Licinio fue suficiente para que estallará la lucha entre los dos, para lo que Constantino se había venido preparando muy bien. Cuando se le presentó la oportunidad venció fácilmente a Licinio y así Constantino quedó como gobernador absoluto de todo el Imperio Romano y al mismo tiempo como cabeza del cristianismo.

# CAMBIO DEL DIA SÁBADO POR EL DÍA DOMINGO

Constantino sabía que los judíos y cristianos guardaban el sábado como día dedicado a Dios para su adoración y culto, y que todo el Imperio Romano guardaba el domingo como el día dedicado a su dios Sol para su alabanza y adoración. Como cabeza del imperio y del cristianismo acordó en el año 321 D. C. expedir un decreto al senado proponiendo el domingo como único día de descanso y adoración a Dios en todo el Imperio. Los cristianos, creyendo que si el decreto provenía del emperador, sería de un gran beneficio para ellos y olvidaron que el día sábado es el día santo establecido por Dios desde la creación del mundo y del ser humano, y que él mismo reposó ese día como ejemplo para toda la humanidad. No se dieron cuenta que estaban cambiando un mandamiento dado por Dios por la ley de un hombre. Génesis lo afirma: "Fueron pues acabados los cielos y la tierra, y todo el ejército de ellos. Y acabó Dios en el día séptimo la obra que hizo; y reposó el día séptimo de toda la obra que hizo" (Génesis 2:1-2). 25

El libro de Éxodo muestra los Diez Mandamientos dados por Dios a Moisés y la exhortación a su pueblo a no violar ni profanar su santo día, porque quien así lo hiciera dejaría de pertenecer al pueblo de Dios pues el sábado es una señal del pacto entre Dios y su pueblo: "Acuérdate has del día de reposo para santificarlo.

Seis días trabajaras y harás toda tu obra, mas el día séptimo será día de reposo para Jehová tu Dios. No hagas en el obra alguna, tú ni tu hijo, ni tu hija, ni tu siervo, ni tu criada, ni tu bestia, ni tu extranjero que esté dentro de tus puertas. Porque en seis días hizo Jehová los cielos y la tierra y todas las cosas que en ellos hay y reposo el día séptimo, por tanto Jehová bendijo el día séptimo y lo santificó" (Éxodo 20:8-11). Pero los cristianos de esa época invalidaron ese pacto con mucha facilidad, lo que repercutiría en millones de seres humanos hasta la actualidad.

Constantino hubiera podido proponerle al Imperio y a su pueblo el cambio del día domingo por el sábado, pero él todavía tenía influencia del paganismo y estaba consciente de que su pueblo no se lo permitirían porque hubiera sido una catástrofe para el imperio. Por lo tanto prefirió proponerle este cambio a los cristianos, para lo cual no encontró resistencia alguna, por el contrario, los cristianos lo aceptaron con mucha facilidad. En cambio, el pueblo judío reaccionó muy diferente. No se dejaron engañar por el emperador Constantino ni se unieron al paganismo en la observancia del día domingo dedicado al Sol. Continuaron observando el sábado como día de culto y adoración a Dios; incluso actualmente continúan observándolo y realizando todos los demás ritos y fiestas religiosas que el mismo Dios les ordenó.

En la actualidad la mayoría de las iglesias cristianas guardan y celebran todos sus servicios religiosos el día domingo, el mismo día que guardaba el paganismo romano, o sea el día dedicado al Sol. Estas iglesias siguen guardando estrictamente lo que el paganismo ordenó hace muchos años atrás. Y no lo hacen por ignorancia, porque tienen la Biblia, en la que el Señor declara cuál es el día de adoración, sino porque el enemigo de Dios los ha enceguecido para que no puedan ver con claridad lo que dice la palabra divina, y ha adormecido sus mentes para que no puedan entenderla.

La única iglesia cristina que no se ha contaminado con el paganismo, y guarda estrictamente el día sábado como Dios lo ordenó y que no se han dejado engañar por el enemigo es la Iglesia Adventista del Séptimo Día.

Algunos afirman que cualquier día de la semana es bueno para adorar a Dios. Lo cual es correcto, pues todos los días de la semana debemos de alabarlo y adorarlo, pero Dios escogió un día de la semana para dedicarlo a él y para nuestro descanso: el día sábado. Hay un día muy especial en el año que nuestros padres y nosotros lo celebramos con mucha alegría, el día en que nacimos, y nunca vamos a aceptar que ese día nos sea cambiado por otro, y seguramente lo celebraremos hasta nuestra muerte.

Los países que celebran su independencia tienen un día específico y especial para hacerlo. Y no lo cambiarían por nada. Eso mismo pide nuestro Señor: él hizo el mundo en seis días y el séptimo lo dedicó para celebrar, conmemorar y recordar su creación. Ahí radica la importancia de dedicarle este día él, porque así lo ordenó y en su gran sabiduría sabe por qué lo hizo. Nosotros como seres humanos, llenos de errores e imperfecciones, somos los menos indicados para estar en desacuerdo con lo que él hizo y ordenó, haciendo lo que a nosotros, según nuestro criterio, nos parece lo correcto. Pensemos un poquito en qué es lo más correcto hacer, no para nosotros sino para Dios.

He oído a algunos predicadores decir que actualmente la ley de Dios no tiene valor, otros dicen que al morir Jesús también murió la ley. Grandes errores, porque la ley de Dios es eterna. Y el mismo Jesús dijo: "No penséis que he venido para abrogar la ley o los profetas; no he venido para abrogar la ley sino a cumplirla. Porque de cierto os digo que hasta que perezca el cielo y la tierra, ni una jota ni una tilde perecerá de la ley, hasta que todas las cosas sean hechas" (Mateo 5:17-18. Revisión 1960, Antigua versión de Casiodoro de Reina 1569).

Para muchos es más importante la gracia, lo cual es correcto, pues por la gracia de Dios somos perdonados y somos salvos. Mas no por eso la ley deja de ser importante, de lo contrario no existiría.

Si violamos la ley de Dios y nos arrepentimos de todo corazón y seguimos una vida nueva, él nos perdonará, pero no debemos seguir haciendo lo que hacíamos antes.

Muchos dirán que cambiar un día de observancia por otro no me parece tener mucha importancia. Sin embargo la tiene. Comparémoslo con la desobediencia de Adán y Eva en el huerto del Edén. Dios les dijo que de todo árbol del huerto podían comer, menos del Árbol de la Ciencia del Bien y del Mal. Ellos desobedecieron cuando comieron del fruto de este árbol. Parece un error pequeño, inocuo, pero esa acción ha repercutido en toda la humanidad y repercutirá hasta nuestra muerte.

Lo que Dios condena es el hecho de la desobediencia, porque así como se viola el mandamiento de guardar el sábado, se puede violar cualquier otro.

Tanto en el Antiguo Testamento como el Nuevo están registrados varios textos que señalan el sábado como el séptimo día, el de reposo que Dios ordenó. Y sobre eso no hay la menor duda. El mismo Jesús habló sobre el día sábado y lo observaba fielmente. Lucas narra la ocasión cuando Jesús vino a Nazaret en pleno desarrollo de su ministerio y esto fue lo que dijo: "Y vino a Nazaret donde había sido criado; y entró conforme a su costumbre el día sábado en la sinagoga, y se levantó a leer. Y le fue dado el libro del profeta Isaías; y como abrió el libro, halló el lugar donde está escrito: El Espíritu del Señor es sobre mí" (Lucas 4: 16-18. Revisión 1960, antigua versión de Casiodoro de Reina 1569).

## EL EMPERADOR CONSTANTINO PROCLAMA EL DÍA 25 DE DICIEMBRE FECHA DEL NACIMIENTO DE JESÚS.

Constantino, como jefe del Imperio Romano y de la iglesia, hizo otro gran cambio: El 25 de Diciembre era la fecha en que el Imperio celebraba con mucha pompa el nacimiento de su dios Sol. Constantino propuso a los cristianos que en esa fecha se celebrara el nacimiento de Jesús, y expidió un decreto ordenando que todos los cristianos lo celebraran en ese día. De esta manera quedó el 25 de diciembre como un gran día de fiesta tanto para los paganos como para los cristianos, la Navidad que continúa festejándose hasta el día de hoy. La mayoría cree que en realidad celebra el nacimiento de Jesús, pero realmente es el día de la celebración pagana a su dios Sol.

# INFLUENCIA DE CONSTANTINO EN LA IGLESIA

Y con una tremenda influencia del emperador Constantino sobre un Imperio tan extenso, la iglesia cristiana tomó mucha fuerza, se extendió por todo el territorio y recibió el nombre de Iglesia Universal o Iglesia Católica, como actualmente se conoce.

Constantino apoyó desde el comienzo fuertemente a la nueva iglesia: le donó el Palacio de Letrán en Roma, que había pertenecido a la familia de su esposa. Cuando los obispos se dirigían al sínodo de Arles, en el año 314, usaron los medios de transporte del Imperio sin costo alguno para la Iglesia.

Constantino al mismo tiempo procuraba mantener buenas relaciones con los fervientes devotos de los cultos y ritos paganos, y especialmente con el senado. A él, como cabeza del Imperio Romano, le correspondía el título de sumo sacerdote de su religión y por tal motivo le era muy difícil demostrar que estaba dejando totalmente el paganismo para unirse a una nueva religión, lo cual hubiera sido un golpe muy duro para toda la estructura del Imperio. Por tal motivo se le vio muchas veces practicando la adoración a dioses paganos.

Constantino aceptó pertenecer formalmente a la Iglesia Católica por medio del bautismo unos días antes de su muerte, que ocurrió en el año 337 d. C.

Para muchos cristianos, Constantino había sido enviado por Dios para salvar a su pueblo de la persecución terrible a que estaban siendo sometidos. Otros, con creencias mejor cimentadas, veían como una tragedia para el cristianismo la unión con el paganismo, y lo consideraban una apostasía inteligentemente inventada por el enemigo de Dios para destruir el cristianismo. Por lo tanto, muchos de ellos resolvieron dejar las ciudades e irse al desierto o las montañas, donde pudieran seguir adorando a su Dios sinceramente y de acuerdo con las enseñanzas de Jesús y los apóstoles.

En realidad ya se había oído mencionar el término Iglesia Universal o Católica desde algún tiempo antes, pero no se había dado forma a esa idea, porque su presencia se hallaba solo en ciertas regiones y se conocía principalmente con el nombre de Iglesia Cristiana. Luego, debido a la facilidad con que las personas podían entrar a la nueva religión, muchos paganos se convirtieron, pero llevaban ideas diferentes a las que profesaban los verdaderos cristianos. Muy pronto estas personas se convirtieron en una mayoría entre los cristianos, y comenzó a sentirse y a verse la influencia del paganismo romano. El incienso que había sido hasta entonces señal de culto al emperador romano, comenzó a hacer su aparición en la nueva iglesia. Los ministros oficiaban en el culto cristiano con ropa sencilla, pero en la nueva iglesia, los ministros oficiantes comenzaron a usar ropas muy finas y suntuosas. Poco a poco comenzó a introducirse, también, la adoración a las imágenes, además de otros ritos paganos, tal como se presenta en la actualidad. Por ese motivo, en la actualidad la Iglesia Católica celebra ritos paganos mezclados Con ritos cristianos.

Antes de Constantino, la mayoría de los miembros era gente sencilla y de escasos recursos, pero después de que la iglesia se unió al paganismo, la riqueza y el lujo también se introdujo en la iglesia.

Eusebio fue el biógrafo de Constantino, y en uno de sus escritos declara que Constantino fue la persona enviada por Dios para traer la paz a los cristianos en cumplimiento de los planes de Dios. Pero muchos disentían con el pensamiento de Eusebio, ya que pensaban que la Iglesia Cristiana había llegado a una situación mísera, decadente y apóstata, convirtiendo la puerta estrecha de la que había hablado Jesús, en una tan ancha que las muchedumbres se apresuraban a entrar por ella.

Ante estos diferentes pensamientos se formaba una gran controversia o desunión dentro de la iglesia, especialmente por las disensiones de Arrió y Orígenes. Al Imperio Romano por ningún motivo le interesaba tener una iglesia dividida, porque eso podía traer problemas en la lealtad y unidad del Imperio. Constantino se preocupó al ver este problema y comenzó a pensar en la manera en que conciliaría la diversidad de ideas para lograr una iglesia unida y leal. Inteligente y astutamente creyó más conveniente planificar y ordenar una reunión de los obispos principales del Imperio. Se cree que se reunieron de 250 a 300 obispos, entre quienes se hallaban los principales obispos de Europa, Libia (África) Cilicios, Fenicios, árabes de Palestina, de Egipto, El Ponto, Galicia, Panfilia, Capadocia, Tracia, Macedonia, Acaya y otras partes. 27

Constantino organizó y dirigió personalmente las reuniones del concilio y costeó el traslado de todos los obispos a la ciudad de Nicea, que fue donde se llevó a cabo esta reunión, y pagó todos los gastos que acarreó este concilio.

Hacía poco tiempo los cristianos habían sido perseguidos cruelmente por el Imperio y muchos todavía presentaban las señales físicas de la persecución que habían sufrido por lealtad a su fe. Les parecía increíble lo que estaban viendo. ¡El mismo Imperio que tanto los había perseguido, ahora patrocinaba la reunión de obispos! Éste fue prácticamente el primer concilio de la Iglesia Católica, al que se le denomina Primer Concilio Ecuménico de Nicea, que se llevó a cabo en el año 325 D. C. 26

## CONSTANTINO PLANEA FUNDAR CONSTANTINOPLA

Las críticas a Constantino, especialmente por parte de la aristocracia romana y el senado, se hacían cada día más fuertes, porque no estaban de acuerdo con todas las comodidades que otorgaba a los que se hacían llamar cristianos.

Constantino astutamente concibió la idea de construir una nueva Roma, donde estaría lejos de las presiones de la aristocracia romana y del senado, y donde pudiera mantener control directo sobre la parte más distante del Imperio, el extremo de Europa. Dicha ciudad le serviría de puente entre la porción europea del imperio y la asiática. Planeó construirla donde ya había una ciudad pequeña llamada Bizancio, que dominaba el estrecho de Bósforo, de gran importancia para la navegación marítima.

Esta nueva ciudad se llamaría CONSTANTINOPLA, ciudad de Constantino, y sería un lugar muy seguro para la residencia del emperador; contaría con todo el lujo y modernismo de aquella época. También serviría como base del nuevo cristianismo, para que éste pudiera expandirse en esa parte del mundo. 27

La construcción de la nueva ciudad comenzó con el levantamiento del palacio Imperial, el palacio de la Corte de Justicia, el palacio para el senado y todas las demás oficinas del Imperio. Se construyó un gran teatro, un hipódromo que servía como centro de entretenimiento para todos los residentes, donde se ofrecían diversos juegos y muchos espectáculos más, tenía una capacidad para más de 60.000 personas sentadas. Había centros comerciales, dos grandes puertos marítimos que servían a la ciudad, calles muy bien trazadas, baños públicos, etc.

El emperador y sus familiares vivían en palacios, lo mismo que los burócratas del Imperio y ministros. Se construyeron grandes iglesias como la de Santa Helena, en memoria de la madre de Constantino; la iglesia de Santa Sofía, que se terminó de construirse en el año 360 D. C. La iglesia de los santos Apóstoles, la iglesia de santa Irene, la de santo Tomas, la de san Laureano, la de santa Diana y otras más.

Para adornar todos estos palacios y otros sitios de la nueva ciudad, Constantino hizo llevar muchas estatuas y otras figuras decorativas de la ciudad de Roma. Como centro del Imperio Romano del Oriente, Constantinopla llegó a tener una población de 500.000 a 800.000 habitantes, rivalizando con la ciudad de Roma. Tenía un acueducto que suplía las necesidades de agua de la ciudad.

Constantino había dado muchos estímulos a las personas que deseaban ir a residir en Constantinopla, motivo por el cual la ciudad creció muy rápido en importancia y en habitantes hasta el punto de llegar a rivalizar con Roma, que desde hacía mucho tiempo era la capital y centro administrativo del Imperio. 27.

## Bibliografía:

La Santa Biblia Antiguo y Nuevo Testamento, Revisión de 1960 Antigua versión de Casiodoro de Reina 1569.

22) Mathew Bunzon, *Encyclopedia of the Roman Empire*, Edition 2002 Facts on file Inc. 132 West 31 st. Street New York, N. Y. 10001 USA

23) Justo L. González, *Historia del cristianismo.* Tomo 1, Editorial Unilit, Miami Florida USA. Edicion 1994, cap. 12, *Edicto de Galerio.*pág. 122.

24) Ibíd., cap. 12, *Emblema de Cristo sobre los soldados de Constantino.* pág.123

25) Ibíd., cap. 13, *El impacto de Constantino, cambio del día sábado por el día domingo,* pág. 139

26) Ibíd., cap. 17, *La controversia Arriana y el concilio de Nicea.* Pág. 173.

27) Mathew Bunzon, *Encyclopedia of the Roman Empire*, Revised Edition Editorial: Facts on file, Inc. 132 West 31st. Street New York, NY 10001

*Constantino funda Constantinopla.* Pág. 144-145.

# CAPÍTULO 16

## EL PAPADO

En la religión judía no existió ni existe el cargo ni el título "papa", y nunca la dirección de la religión judía estuvo en manos de una sola persona. Mateo así lo demuestra, pues cuando sentenciaron a muerte a Cristo, no fue una sola persona quien dio la orden: "Y los príncipes de los sacerdotes, y los ancianos, y todo el consejo, buscaban falso testimonio contra Jesús, para entregarle a muerte" (Mateo 26: 59).

Las raíces de la iglesia judeocristiana fueron de la religión judía. Cuando vivieron los apóstoles, ellos junto a los ancianos tenían la dirección de la iglesia judeocristiana. Hechos de los Apóstoles relata cuando Pablo llegó de Éfeso y otras ciudades a Jerusalén, a donde habían llegado comentarios de que él pedía a los judíos que estaban entre los gentiles que se apartasen de la ley de Moisés y no debían circuncidar a sus hijos ni seguir los demás ritos Judíos: "Y cuando llegamos a Jerusalén, los hermanos nos recibieron de buena voluntad. Y al día siguiente Pablo entró con nosotros y Jacobo, y todos los ancianos se juntaron, a los cuales, como los hubo saludado, contó detalladamente lo que Dios había hecho entre los gentiles por su ministerio y ellos como lo oyeron glorificaron a Dios y le dijeron: Ya ves hermano, cuántos millares de judíos hay que han creído; y todos son celadores de la ley" (Hechos de los Apóstoles 21: 17-20).

Debo aclarar que la Biblia no aporta ninguna información de si alguno de los doce apóstoles haya llegado a desempeñar el puesto de obispo en alguna parte del mundo o que haya ostentado dicho título; tampoco los historiadores cristianos de esa época hacen mención alguna sobre esta posibilidad.

Pedro, en su Primera Epístola Universal, capítulo uno, versos 14 y 15, saluda a sus destinatarios de la siguiente manera: "Simón Pedro, siervo y apóstol de Jesucristo, a los que habéis alcanzado fe igualmente preciosa con nosotros en la justicia de nuestro Dios y Salvador Jesucristo". En este saludo se reconoce como siervo y apóstol, mas no como obispo. Si hubiera sido obispo de alguna iglesia o lugar, seguramente lo hubiera mencionado y su saludo probablemente hubiera sido: "Yo, Simón Pedro, apóstol y obispo de"… Creo que ésta es una prueba muy clara de que él no fue obispo en Roma ni en Jerusalén, ni en ninguna otra parte del mundo.

Los únicos cargos que desempeñó durante su ministerio fueron los de apóstol de Jesucristo y anciano de la iglesia de Jerusalén. Y esto lo confirma él mismo: "Ruego a los ancianos que están entre vosotros, yo anciano también con ellos, y testigo de los padecimientos de Cristo, que soy también participante de la gloria que será revelada: Apacentad la grey de Dios que está entre vosotros, cuidando de ella, no por fuerza, sino voluntariamente; no por ganancia deshonesta, sino con ánimo pronto; no como teniendo señorío sobre los que están a vuestro cuidado, sino siendo ejemplo de la grey" (1 Pedro 5:1-3).

Pablo tampoco menciona que haya existido en esa época un papa o un cargo parecido; tampoco deja ver que la dirección de la iglesia cristiana haya sido ejercida por una sola persona. Una de sus últimas cartas, fue la Segunda Epístola a Timoteo, escrita desde Roma en el año 67 d.C., antes de su segunda comparecencia ante la corte del emperador Nerón. Es importante aclarar que Pablo no fue parte de los doce apóstoles que anduvieron con Jesús, y por eso comienza sus cartas diciendo: "Pablo, apóstol de Jesucristo, por la voluntad de Dios, según la promesa de la vida que es en Cristo Jesús". Al igual que Pedro, Pablo no menciona absolutamente nada de ser obispo, porque no lo era y nunca llegó a tener ese título. Después de la muerte de Jesús la mayoría de los apóstoles tenían su residencia en Jerusalén y desde allí dirigían la iglesia a nivel general. La iglesia cristiana de Roma nunca tuvo la importancia de las iglesias de Jerusalén, Antioquia y Alejandría.

Como ya se mencionó antes, tanto Pedro como los demás apóstoles eran cien por ciento judíos. Por lo tanto, Pedro nunca llevó el título o cargo de obispo de Roma o de cualquier otra ciudad del mundo, y mucho menos el de Papa, porque dentro del judaísmo no existió ni existe en la actualidad ese cargo. Tal título era desconocido entre los judeocristianos. De tal manera que quienes afirman que Pedro fue el primer papa están totalmente errados porque no hay una sola prueba bíblica ni histórica que lo compruebe.

En la Biblia no se encuentra una sola declaración en que aparezca ese término, en cambio la palabra *obispo* sí se menciona en el Nuevo Testamento. Entre ellas están las recomendaciones que Pablo hace a los aspirantes a obispos, las cuales se encuentran en la Primera Epístola del Apóstol San Pablo a Timoteo, capítulo 3 versos 1-7.

Hasta el siglo tercero las iglesias cristianas más sobresalientes se encontraban en el Oriente y eran las de Jerusalén, Antioquia y Alejandría, las cuales tenían mucha más importancia que la iglesia de Roma. Aun la dirección de la iglesia cristiana de Occidente no estaba en Roma, sino en África Latina.

## ¿FUE PEDRO SUCESOR DE JESÚS?

Pedro fue un líder en la naciente iglesia judeocristiana. Pero no fue el sucesor de Jesús. El Nuevo Testamento no reporta una sola declaración de que Jesús haya dado instrucciones a sus apóstoles o especialmente al apóstol Pedro, dándole autoridad especial para sucederlo después de su muerte; tampoco Jesús mencionó explícitamente sucesores de los apóstoles. De tal manera que la invitación a Pedro y a los demás apóstoles para ser parte del apostolado de Jesús, provino de éste mismo, quien les prometió que recibirían el poder del Espíritu Santo.

## ¿ES EL PAPA EL SUCESOR DE SAN PEDRO ?

Ningún ser humano por más poderoso que haya sido o sea debió ni debe proclamarse el sucesor de Pedro, porque el único que tiene autoridad para ello es Cristo Jesús, nadie más. No pueden ser sucesores de Pedro si nunca se le dio a éste el puesto de papa. El poder que el Maestro otorgó a sus discípulos cuando estuvo en esta tierra fue el de echar fuera demonios y sanar toda dolencia; y después de su resurrección rogó a su Padre para que les enviara el poder del Espíritu Santo. Y esto es lo que nos narra Mateo sobre esto " Entonces llamando a sus doce discípulos, les dio autoridad sobre los espíritus inmundos, para que los echasen fuera, y para sanar toda enfermedad y toda dolencia" (Mateo 10: 1). Probablemente muchos hombres quisiéramos ser los sucesores de Pedro y de Pablo, que son los apóstoles más conocidos, y curar enfermos, resucitar muertos y hacer todas esas grandes maravillas que ellos realizaban, pero desafortunadamente no tenemos ese privilegio, el cual fue concedido exclusivamente a ellos por Jesús.

Pedro llevó a cabo muchos milagros, sin embargo, el poder que él y los demás apóstoles poseían no podía ser transferido otra persona porque ellos lo habían recibido de alguien más. El único que podía hacerlo era Cristo Jesús, cosa que nunca hizo; tampoco los apóstoles.

Para ser sucesor de alguien esa persona debe hacer cosas muy similares a la persona que está sucediendo. Por ejemplo, el sucesor del presidente de los Estados Unidos es el vicepresidente, quien es del mismo partido político al que pertenece el presidente y seguirá los mismos lineamientos del presidente en caso que lo sucediera.

Pedro fue un apóstol muy querido y muy importante en el apostolado de Jesús, con quien por tres años compartió milagros y de quien aprendiendo todo lo que les enseñaba. Después de la muerte de Jesús,

Pedro y los demás apóstoles recibieron el poder del Espíritu Santo en el Pentecostés. Lo cual fue comprobado por miles de personas judías religiosas de todas las naciones del mundo que moraban en Jerusalén y oyeron el gran estruendo que se produjo cuando llego el Espíritu Santo. Se reunió una gran multitud para mirar lo que estaba pasando y pudieron comprobar este grandioso acontecimiento, al oír hablar a los apóstoles en el idioma con que cada uno de los de la multitud había nacido  Hechos 2: 1- ).

El papa se dice ser el sucesor de san Pedro, pero para que realmente sea el sucesor de san Pedro debe  tener el poder del Espíritu Santo que tenía san Pedro y realizar milagros como sanar enfermos, resucitar muertos y echar fuera demonios.  Entonces sí sería correcto afirmar que tiene una de las principales características o don que Pedro tenía.

Pero en los registros existentes desde que comenzó el papado hasta la actualidad, no se registra ni se ha visto que un papa haya sanado enfermos, resucitado muertos o hecho caminar a alguien que no podía hacerlo.

Otra característica de Pedro era su sencillez. Él provenía de una familia pobre, humilde pero con una arraigada creencia en Dios. Dedicó su vida a enseñar y predicar en las iglesias. El título de obispo de Roma lo recibió después de varias centurias de su muerte.

Ningún escrito bíblico ni histórico afirman que Pedro haya sido dirigente único de la iglesia o que haya adoptado un sistema en el que se hubiera hecho elegir para dirigir la iglesia de por vida. La dirección de la Iglesia estaba en Jerusalén, pero nunca estuvo en Roma, lo cual queda demostrado en Hechos de los Apóstoles. Irineus,  obispo de Lyons, enumera todos los obispos de Roma hasta el doceavo y de acuerdo con él, el primer obispo de Roma no fue Pedro, sino Linus o Lino. La constitución apostólica en el año 270 también menciona a Linus como el primer obispo de Roma.

Otro aspecto muy importante es el matrimonio, que el papa no acepta ni permite para sus subalternos. Pedro era casado y Jesús sabiendo esto lo escogió para su apostolado. Él estaba totalmente de acuerdo con el privilegio del matrimonio para todo ser humano " Al salir de la sinagoga, vinieron a la casa de Simón y Andrés con Jacobo y Juan. Y la suegra de Simón estaba acostada con fiebre; y enseguida le hablaron de ella. Entonces él se acercó, la tomó de la mano y la levantó; e inmediatamente le dejó la fiebre, y luego ella los atendía" (San Marcos 1:29). Como hemos visto hay diferencias abismales entre lo que fue Pedro y lo que ha sido y es actualmente el papa, por lo que es imposible pensar que éste sea su sucesor, menos aún cuando no hay una sola evidencia bíblica que lo acredite.

## ORÍGENES DEL PAPADO

Como hemos visto anteriormente las iglesias judeocristianas no estaban dirigidas por una sola persona sino por un grupo de personas llamadas ancianos. Aunque no hay evidencias claras de que la iglesia de Roma haya tenido esta misma dirección, se presume que así haya sido ya que el evangelio fue traído a Roma por alguien venido de las iglesias del oriente.

¿Cómo surgió el papado? Los orígenes del papado se remontan a los primeros obispos de Roma, quienes no tuvieron gran importancia a nivel local o mundial. En los libros de esa época se menciona muy poco o nada de ellos, hasta cuando fue elegido León el Grande en el año 440 d.C. La mayoría de escritores y biógrafos de entonces coinciden en que León el grande fue prácticamente el primer papa. 28

Desde el comienzo de la iglesia cristiana, en el siglo primero, hasta el emperador Constantino se aplicaba el vocablo *papa* para demostrar cariño y respeto a los obispos, como los de Cartago y Alejandría, mas no para dirigirse al obispo de Roma; pero tal tratamiento nunca llegó a poseer el significado de poderío que actualmente ostenta el obispo de Roma o el papa.

Cuando Constantino subió al poder del Imperio Romano, éste estaba dividido en secciones. Cada una de ellas era dirigida o controlada por un jefe militar o civil, nombrado por el Imperio. La iglesia pronto siguió este modelo de organización y quedó dividida eclesiásticamente en cinco áreas: Roma, Jerusalén, Antioquia, Alejandría y Constantinopla, dirigidas, cada una de ellas, por un obispo. Siendo Roma la capital del Imperio, era muy importante y reconocida en todo el mundo, mas después de que el Imperio se mostró tolerante con el cristianismo y Constantino se convirtió en cabeza de la iglesia, ésta cobró mayor fuerza e importancia. Para los cristianos fue lo mejor que pudo haber sucedido y la bendición más grande que Dios les pudo conceder. Y nunca imaginaron el gran error que estaban cometiendo al juntar la luz con las tinieblas, la verdad con lo falso, lo sagrado con lo pagano, ni la repercusión que esto tendría hasta nuestros días.

Los cristianos estaban ciegos cuando aceptaron el cambio y no se dieron cuenta que el gran ganador era el paganismo practicado en el Imperio, porque en una forma muy rápida y obedeciendo un decreto comenzaron a guardar el día domingo, dedicado al dios Sol, tal como el paganismo lo hacía.

Cuando el Imperio aceptó la religión católica como la oficial, el obispo de Roma adquirió gran autoridad y poder. Después de que los bárbaros invadieron Roma y cayó el Imperio Romano de Occidente, la iglesia tomó un camino muy diferente al de la de Oriente donde aún existía el imperio al cual los obispos seguían sujetos. Con la desaparición del Imperio Romano de Occidente la Iglesia Católica se convirtió en guardián de lo poco que quedaba de éste y el obispo de Roma, ya papa ya en esa época, adquirió gran poder y prestigio y se convirtió prácticamente en un emperador, tal como lo conocemos en la actualidad.

## TÍTULOS DEL PAPA

En un principio se le denominó obispo y *papa* al dirigente de la iglesia de Roma; más tarde se le asignaron otros títulos: durante el mandato del emperador Graciano, se le consideraba máximo pontífice o supremo pontífice; luego, vicario de Cristo en la Tierra; después, sucesor de San Pedro, máximo pontífice de la iglesia Universal, Jefe del estado soberano de la ciudad del Vaticano, etc. 29

## Bibliografía:

La Santa Biblia, Antiguo y Nuevo Testamento, revisión de 1960, Antigua versión de Casiodoro de Reina 1569.

28) Justo L. González. *Historia del Cristianismo.* Tomo 1. Editorial Unilit, Miami Florida, USA. Edición 1994, Cap. 28, *El papado* (León el grande). Pág. 274-275.

29) Alan Schreck, *Catholic & Christian*, Publisher by St. Antonio Messenger Press Cap. 5, *The Pope*, pág. 97

# CAPÍTULO 17

En este capítulo examinaremos un aspecto controversial relacionado con la vida de los sacerdotes: el celibato y el matrimonio. Nunca fue mandato divino que los ministros de Dios se mantengan célibes.

## EL CELIBATO

Otro aspecto de mucha importancia para la iglesia católica, incluso un tema controvertido, es el celibato, que el diccionario define como el estado de una persona no casada o sola. Religiosamente celibato implica una total abstinencia sexual. Otras interpretaciones describen el término como mantenerse virgen sexualmente.

## EL MATRIMONIO

El matrimonio es muy sagrado y así debe permanecer porque fue instaurado por el mismo Dios cuando creo al primer hombre y a la primera mujer, a fin de que procrearan y poblaran la Tierra. De tal manera que es algo legal y totalmente normal que un hombre y una mujer se amen, se unan en matrimonio, formen un hogar, tengan una familia y vivan en sociedad.

Veamos un poquito más sobre la primera pareja: "Y creo Dios al hombre a su imagen, a imagen de Dios los creo. Varón y hembra los creó. Los bendijo Dios y les dijo: Fructificad y multiplicaos; llenad la tierra, y sojuzgadla, y señoread en los peces del mar, en las aves de los cielos y en todas las bestias que se mueven sobre la tierra" (Génesis 1:27, 28). "Por tanto dejará el hombre a su padre y a su madre, y allegarse ha a su mujer, y serán una sola carne" (Génesis 2: 24).

El rey David describe bellamente la procreación de la familia: "Tu mujer será como la vid que lleva fruto a los lados de tu casa; tus hijos como plantas de olivo alrededor de tu casa" (Salmos 128: 3). Dios no solamente legalizó el matrimonio bendiciéndolo, sino que autorizó a las parejas para que tuvieran hijos y poblaran la tierra.

El apóstol Pedro, de quien se considera sucesor el papa, era casado y dejó algunas recomendaciones sobre el matrimonio: *"Así mismo vosotras, mujeres, estad sujetas a vuestros maridos; para que también los que no creen a la palabra, sean ganados sin palabra por la conducta de sus esposas. Considerando vuestra conducta casta y respetuosa. Vuestro atavío no sea el externo de peinados ostentosos, de adornos de oro o de vestidos lujosos, sino el interno, del corazón, en el incorruptible ornato de un espíritu afable y apacible, que es de grande estima delante de Dios. Porque así también se ataviaban en otro tiempo aquellas santas mujeres que esperaban en Dios, estando sujetas a sus maridos; como Sara obedecía a Abrahán, llamándole señor; de la cual vosotras habeis venido a ser hijas, si hacéis el bien, sin tener ninguna amenaza. Vosotros, maridos, igualmente, vivid con ella sabiamente, dando honor a la mujer como vaso más frágil, y como coherederas de la gracia de la vida, para que vuestras oraciones no tengan estorbo"* (1 Pedro 3: 1-7).

# EL SACERDOCIO

¿Quién era el sacerdote en los orígenes del cristianismo? El jefe de la familia desempeñaba el papel de sacerdote en ésta. Después Dios ordenó que todo primogénito fungiera como sacerdote dentro de la familia. Luego del éxodo del pueblo de Israel, Dios eligió a la tribu de  los Levitas para que fueran los sacerdotes quienes oficiaran en el templo.

# SACERDOCIO DE AARÓN

Dios eligió a Aarón para ser el sumo sacerdote, tal como lo registra Éxodo: "Hablando Dios a Moisés, hermano de Aarón: Y harás vestidos sagrados a Aarón tu hermano para honra y hermosura. Y tú hablarás a todos los sabios de corazón, a quienes yo he henchido de espíritu de sabiduría, a fin que hagan los vestidos de Aarón, para consagrarle a que me sirva como de sacerdote" (Éxodo 28:2-3).

# ¿QUIÉN FUE AARON ?

Aarón fue el hermano de Moisés. Dios lo designó ayudante de éste para liberar a su pueblo de la esclavitud de Egipto. Moisés no se sentía capaz para hablar ante el Faraón, ya que no tenía la facilidad de palabra para comunicarse con una persona de esa categoría. Y Dios para solucionarle ese problema a Moisés, nombro a Aaron para que fuera su vocero. Por lo tanto los dos se presentaron ante el Faraón y Aaron hablaba por Moisés.

Aarón era casado, y su hogar estaba formado  por su esposa y sus hijos. La Biblia registra la siguiente información en cuanto a su  su matrimonio: "Y tomó Aarón por mujer a Elizabet, hija de Aminadab, hermana de Maasón; la cual le parió a Nadab, Abin, Eleazar e Ithamar" (Éxodo 6: 23).

Dios nombró a los hijos de Aarón sacerdotes para que oficiaran en el templo y los hizo ungir por Moisés: "Harás llegar a Aarón y sus hijos a la puerta del Tabernáculo del testimonio, y los lavarás con agua y harás vestir a Aarón las vestiduras, y lo ungirás, y lo consagrarás, para que sea mi sacerdote. Después harás llegar a sus hijos y les vestirás las túnicas. Y lo ungirás como ungiste a su padre y serán mis sacerdotes:

y será que su unción les servirá por sacerdocio perpetuo por sus generaciones. Y moisés hizo todo conforme a todo lo que Jehová le mandó. Así lo hizo" (Éxodo 40: 12-16).

## ELEAZAR

Eleazar, hijo de Aarón, fue designado sacerdote por orden divina y, más tarde, fue designado también por Dios, jefe de los sacerdotes levitas: "Y Dios dijo: Será Eleazar, hijo de Aarón, el sacerdote; prepósito de los que tienen la guarda del santuario" (Números 3: 32).

## MATRIMONIO DE ELEAZAR

Eleazar fue sacerdote, pero como cualquier otra persona tuvo un hogar formado por su esposa e hijos, según lo narra la Biblia: "Eleazar hijo de Aarón, tomó para sí mujer de las hijas de Futiel, la cual dio a luz a Phinees: y éstas son las cabezas de los padres de los levitas por sus familias. Éstos son aquel Aarón y aquel Moisés, a los cuales Jehová dijo: Sacad a los hijos de Israel de la tierra de Egipto por sus escuadrones. Estos son los que hablaron a Faraón rey de Egipto, para sacar de Egipto a los hijos de Israel. Moisés y Aarón fueron éstos" (Éxodo 6:25-27).

## DIOS DESIGNA SACERDOTES A LOS LEVITAS

"Y dijo Dios a Moisés: mas tu pondrás a los levitas en el tabernáculo del testimonio y sobre todos sus vasos y sobre todas las cosas que le pertenecen: ellos llevaran el tabernáculo y todos sus vasos, y ellos servirán en él, y asentaran sus tiendas alrededor del tabernáculo" (Números 1:50).

Los levitas reemplazaron a los primogénitos: "Y he aquí yo he tomado a los levitas de entre los hijos de Israel en lugar de todos los primogénitos que abren la matriz entre los hijos de Israel; serán pues míos los levitas" (Números 3:12).

# REQUISITOS DE LOS LEVITAS PARA SER SACERDOTES

"Los levitas de veinticinco años para arriba entrarán a hacer su oficio en el servicio del Tabernáculo del testimonio. A los cincuenta años dejarán el ministerio y nunca más servirán como sacerdotes" (Números 8: 24-25).

"Santos serán a su Dios, y no profanarán el nombre de su Dios; porque los fuegos de Jehová y el pan de su Dios ofrecen: por tanto serán santos. Mujer ramera o infame no tomarán: ni tomarán mujer repudiada de su marido porque es santo a su Dios. Viuda o repudiada, o infame o ramera, éstas no tomarás: mas tomarás virgen de sus pueblos por mujer; y no amancillará su simiente en sus pueblos; porque santo yo soy, Jehová el que os santifico" (Levíticos 21: 6-7, 14-15).

# ORDENACIÓN DE LOS LEVITAS

"También Jehová habló a Moisés, diciendo: Toma a los Levitas de entre los hijos de Israel, y haz expiación por ellos. Así harás para expiación por ellos. Rocía sobre ellos el agua de la expiación, haz pasar la navaja sobre todo tu cuerpo, y lavarán sus vestidos, y serán purificados. Y presentarás a los levitas delante de Aarón, y delante de sus hijos, y los ofrecerás en ofrenda a Jehová. Y así apartarás a los levitas de entre los hijos de Israel, y serán míos los levitas. Después de eso vendrán los levitas a ministrar en el tabernáculo de reunión; serán purificados, y los ofrecerás en ofrenda. Porque enteramente me son dedicados a mí los levitas de entre los hijos de Israel, en lugar de todo primer nacido; los he tomado para mí en lugar de los primogénitos de los hijos de Israel. Porque mío es todo primogénito de entre los hijos de Israel, así sea de hombres como de animales; desde el día que yo herí a todo primogénito en la tierra de Egipto, los santifiqué para mí. Y he tomado a los levitas en lugar de todo primogénito de los hijos de Israel. Y yo he dado en don los levitas a Aarón y a sus hijos de entre los hijos de Israel, para que ejerzan el ministerio de los hijos de Israel en el tabernáculo de reunión, y reconcilien a los hijos de Israel; para que no haya plaga en los hijos de Israel, al acercarse los hijos de Israel al santuario" (Números 8:5, 23).

Dios mismo autorizó a los sacerdotes levitas para que le sirvieran viviendo normalmente como seres humanos. El hecho de estar dedicados al servicio de Dios, no era motivo para que vivieran alejados de los seres humanos, al contrario, debían estar incluidos dentro de la comunidad para poder servirle. Poseían el mismo derecho de cualquier otro ser humano, a amar y ser amados, casarse, tener esposa, hijos y hogar.

Grandes hombres, personajes del Antiguo Testamento, que hablaron con Dios y estuvieron muy cerca de él, no se privaron de los privilegios otorgados por el Señor a amar, ser amados y casarse. Y los siguientes son ejemplos de ello.

**MOISÉS.** Moisés fue uno de los grandes hombres del Antiguo Testamento, el escritor del Pentateuco (los cinco primeros libros de la Biblia: Génesis, Éxodo, Levítico, Números y Deuteronomio), quien habló cara a cara con Dios, según nos narra la Biblia: "Y nunca más se levantó profeta en Israel, como Moisés, a quien haya conocido Jehová cara a cara" (Deuteronomio 34:10).

Moisés fue un ser humano, física, mental y espiritualmente normal. Tuvo un hogar y una familia: "Y Moisés acordó morar con aquel varón: y él dio a Moisés a su hija Sephora como esposa. La cual le parió un hijo, y le puso por nombre Gerson, porque dijo: Peregrino soy en tierra extraña" (Éxodo 2: 21-22).

**¿Quién fue moisés?** aquel niño que nació en Egipto en la época en que había una ley opresiva sobre las mujeres judías, quienes no podían tener hijos varones y, si llegaban a tenerlos, debían ser muertos. Esta ley fue dictada por el faraón de Egipto debido a que el pueblo judío había crecido mucho entre los egipcios, los cuales temían que algún día se sublevaran contra ellos. Cuando Moisés nació, para salvarlo de la muerte, su mamá lo puso en una barquilla y lo colocó en la orilla del río, donde su hermana, de lejos entre los juncos, lo vigilaba. La hija del faraón descendió a bañarse y sus doncellas se paseaban por la orilla del río. Una de ellas vio la barquilla, notó al niño y avisó a la hija de Faraón, la cual lo nombró Moisés porque lo había sacado de las aguas. María, la hermana del pequeño, ofreció a la princesa buscar quién cuidara del bebé, de modo que la misma madre del niño se ocupó de él y después de algunos años lo entregó a la hija del faraón, quien lo llevo a palacio para que habitara con ellos.

En esa época el pueblo judío estaba sometido a duros trabajos, como elaborar barro y ladrillos, esclavizados por Egipto. Moisés, que era ya un joven, salió un día y vio las duras tareas a las que sus hermanos eran sometidos, y observándolos, vio a un egipcio que golpeaba a un hebreo. A Moisés, que no olvidaba su sangre judía, le dolió el maltrato que su hermano de raza sufría y, creyendo que nadie lo miraba, mató al egipcio y lo cubrió con  arena.

Al día siguiente salió Moisés nuevamente y, por tratar de poner paz entre dos hebreos que reñían, obtuvo una respuesta muy dura por parte de uno de ellos, por la cual Moisés supo que la muerte del egipcio ere conocida, y sabiendo que tan pronto lo supiera, el faraón trataría de matarlo y huyó a la tierra de Madián.

En ese lugar ayudó a sacar agua de un pozo a las hijas del sacerdote de Madián, para sus ovejas. Éste lo invitó a su casa. Tiempo después él dio a Moisés a su hija Sephora como esposa, con la cual tuvo un hijo al que nombró Gerson (Éxodo 2).

**ABRAHÁN.** Abrahán es considerado el padre del pueblo de Israel porque así se lo prometió Dios: "Y haré de ti una nación grande y bendecirte he y engrandeceré tu nombre, y serás bendición, y bendeciré a los que te bendijeren, y a los que te maldijeren, maldeciré: y serán benditas en ti todas las familias de la tierra" (Génesis 12: 2-3).

"Y tomaron Abrahán y Nachor para sí, mujeres: el nombre de la mujer de Abrahán fue Sarai, y el nombre de la mujer de Nachor, fue Milca, hija de Harán, padre de Milca y de Isca. Mas Sarai era estéril y no tenía hijos" (Génesis 11: 29). Dios bendijo grandemente a Abrahán y llego a ser riquísimo. Pero Abrahán no había tenido familia porque su esposa Sarai era estéril, lo cual le preocupaba porque toda su riqueza la heredaría su mayordomo, que era un esclavo nacido en su casa. Y Dios le prometió que le daría un hijo, quien sería el heredero de todos sus bienes y así fue. Dios demostró que para él nada es imposible, y Abrahán de 99 años y Sarai de 90 tuvieron a un hijo al cual lo llamaron Isaac.

**SAMUEL**. Samuel fue un gran patriarca y profeta del antiguo Israel. Dios estuvo con él desde que tenía un año, cuando su madre Ana lo dedicó a su servicio y lo llevó al Tabernáculo para que vivera en él. Y el creció en sabiduría y conocimiento de Dios, con quien hablaba en diferentes formas. Samuel guió a Israel por cuarenta años. "Y Samuel creció y Jehová fue con él y no dejó caer ninguna de sus palabras. Y conoció todo Israel desde Dan hasta Beer Sebat que Samuel era profeta de Dios" (1 de Samuel 3:19-2).

Samuel fue casado y tuvo dos hijos: "Y aconteció que Samuel envejeció y puso a sus dos hijos por jueces sobre Israel, y el nombre de su hijo primogénito fue Joel, y el nombre del segundo Abías, y fueron jueces en Beer-sebah" (1 Samuel 8: 1-2. Versión 1960, Casiodoro de Reina 1560).

**EL REY SAÚL.** Saúl fue el primer rey de Israel. Cuando Samuel envejeció puso a sus dos hijos por jueces. Éstos no gobernaron rectamente, habían cometido muchos errores y el pueblo, cansado de ellos, decidió solicitarle un rey a Samuel. Samuel consultó a Dios, quien le respondió que debía oír al pueblo y darle lo que le pedían. Había un joven muy hermoso, como ninguno en todo Israel, al cual escogió Dios para que fuera el primer rey de Israel.

Él también fue casado, tuvo un hogar, una esposa y varios hijos e hijas. El nombre de su esposa fue: Anioan, hija de Aimaas. "Y los hijos de Saúl fueron Jonathan, Isui, Melchi-Sua. Y los nombres de sus dos hijas fueron, el de la mayor, Merab, y el de la menor, Mical" (1Samuel 14: 49-50).

**EL REY DAVID**. David fue autor de gran parte de los Salmos. Cuando David tenía treinta años llegó a ser rey de Judea y reinó siete años en la ciudad de Hebron, luego llego a ser rey de todo Israel y reino en Jerusalén por treinta tres años y Dios quiso mucho al Rey David y Dios hablaba frecuentemente con el.

El nombre de la esposa del rey David fue Abigail, de quien nos dice la Biblia: "Y David envió a sus criados a hablar con Abigail, para que le propusieran que fuera su esposa, y los criados de David vinieron a Abigail en el Carmelo ( El Carmelo era el lugar donde se encontraba la hacienda de Nadal ) y hablaron con ella diciendo: David nos ha enviado a ti para tomarte por su mujer, y ella se levantó e inclinó su rostro a tierra diciendo: He aquí tu sierva, para que sea sierva que lave los pies de mi señor, y levantándose luego Abigail con cinco mozas que la siguieron, montose en un asno y siguió a los mensajeros y fue la esposa de David" (1 Samuel 25: 40-43).

**REY SALOMÓN**. El rey Salomón fue el autor del libro de Eclesiastés y muchos le atribuyen la autoría de los Proverbios. Fue hijo del rey David y su madre Bath-Sheba fue la segunda esposa de éste: "Y consoló David a Bath-Sheba su mujer y entrando a ella durmió con ella; y parió a un hijo, y llamó su nombre Salomón, al cual amó Jehová" (2 Samuel 12: 4 ).

Salomón llego a ser rey muy joven y, por lo tanto, con muy poca experiencia para el cargo. Al darse cuenta de sus carencias, en lugar de pedir riqueza, solicitó a Dios sabiduría para poder gobernar correctamente a su pueblo, lo cual agradó mucho al Señor, quien, no solamente le dio sabiduría, sino poder y riqueza. "Y apareció Jehová a Salomón en Gabaón una noche en sueños y díjole Dios: Pide lo que quieras que yo te dé. Y Salomón dijo: Tú hiciste gran misericordia a tu siervo David mi padre, según que él anduvo delante de ti en verdad, en justicia y con rectitud de corazón para contigo: y tú le has guardado esta tu grande misericordia que le diste un hijo que se sentase en su trono, como sucede este día. Ahora pues, Jehová, Dios mío, tú has puesto a mí, tu siervo, por rey en lugar de David mi padre: y yo soy mozo pequeño que no sé cómo entrar ni salir. Y tu siervo está en medio de tu pueblo, al cual tú escogiste; un pueblo grande que no se puede contar ni numerar por su multitud. Da pues, a tu siervo, corazón dócil para juzgar a tu pueblo, para discernir entre lo bueno y lo malo: porque ¿quién podrá gobernar este tu pueblo tan grande? Y agradó delante de Adonai que Salomón pidiese esto. Y díjole Dios: Porque has demandado esto y no pediste para ti muchos días, ni pediste para ti riquezas, ni pedisteis la vida de tus enemigos, mas demandaste para ti inteligencia para oír tu pueblo. He aquí lo he hecho conforme a tus palabras: he aquí que te he dado corazón sabio y entendido, tanto que no haya habido antes de ti otro como tú, ni despúes de ti se levante otro como tú" (1 Reyes 3: 5-12).

Salomón tuvo varias esposas y muchos hijos: " Pero el rey Salomón amó, además de la hija de Faraón, a muchas mujeres extranjeras; a las de Moab, a las de Sidón, y las heteas" (1 Reyes 11: 1).

Dios habló con todos estos grandes hombres en diferentes formas. Y estaba con ellos, los dirigía en todo y ellos hacían lo recto ante Dios. Él mismo dijo que no ha habido ni habrá hasta la venida de Cristo hombres más grandes que hayan estado tan cerca de Dios como ellos.

Con lo expuesto anteriormente deseo demostrar que estos grandes hombres, que estaban tan cerca de Dios que hablaban con él cara a cara, vivieron una vida como cualquier otro ser humano. Se casaron, formaron un hogar, tuvieron esposa e hijos. Dios está totalmente de acuerdo con el matrimonio, que él mismo instituyó y bendijo cuando creó a la primera pareja: Adán y Eva.

En el Nuevo Testamento también encontramos ejemplos de líderes en la iglesia y hombres dedicados a servir a Dios que vivieron en matrimonio, con el que el Señor Jesús estaba de acuerdo.

# ENSEÑANZAS DE JESÚS SOBRE EL MATRIMONIO

"Entonces vinieron a él los fariseos, tentándole y diciéndole: ¿Es lícito al hombre repudiar a su mujer por cualquier causa? El respondiendo les dijo: ¿No habéis leído que el que los hizo al principio, varón y hembra los hizo, y dijo: por esto el hombre dejará padre y madre, y se unirá a su mujer, y los dos serán una sola carne? Así que no son más ya dos, sino una sola carne; por tanto, lo que Dios juntó, no lo separe el hombre".

# RECOMENDACIONES DEL APÓSTOL PEDRO PARA LOS CASADOS

El apóstol Pedro expresa algunas recomendaciones a los casados. Primeramente a las esposas: "Vosotras mujeres, sed sujetas a vuestros maridos, para que los que no creen a la palabra sean ganados sin palabra por la conversión de sus mujeres. Considerando vuestra conducta casta y respetuosa". Su recomendación a los esposos dice: "Vosotros, maridos, habitad con ellas según ciencia, dando honor a la mujer como a vaso frágil, como a herederas juntamente de la gracia de la vida; para que vuestras oraciones no sean impedidas" (1Pedro 3:1-2, 7).

# RECOMENDACIONES DEL APOSTOL PABLO PARA LOS ASPIRANTES A OBISPOS

"Palabra fiel; si alguno apetece ser Obispo buena obra desea: Conviene pues que el obispo sea irreprensible, marido de una sola mujer, solícito, templado, compuesto, hospedador, apto para enseñar. No amador del vino, no heridor, no codicioso de torpes ganancias, sino moderado, no litigioso, ajeno de avaricia, que gobierne bien su casa, que tenga hijos en sujeción con toda honestidad. Porque el que no sabe gobernar su casa ¿cómo cuidará de la iglesia de Dios? No un neófito porque inflándose no caiga en juicio del diablo. También conviene que tenga buen testimonio de los extraños, porque no caigan en afrenta y en el lazo del diablo" (1 Timoteo 3: 1-7).

Así como Dios escogió a la tribu de los levitas para que le sirvieran como sacerdotes en el servicio del templo, lo cual no era impedimento para que se casaran, tanto el sumo sacerdote como los demás participantes en el servicio del templo, también otros grandes hombres del Antiguo Testamento, profetas y reyes, que estuvieron muy cerca de Dios, le sirvieron y fueron casados. Pedro en el nuevo testamento habla sobre el matrimonio y Pablo da recomendaciones para los aspirantes a obispos.

No hay prohibición alguna para que un hombre dedicado al servicio del Señor contraiga matrimonio, forme un hogar, tenga esposa e hijos.

Los mismos deseos que sentía el ser humano en esas épocas, como amar a una persona del sexo opuesto, sin excepción de ninguna clase, tener una esposa, un hogar e hijos, son los mismos que siente todo ser humano físicamente saludable en la actualidad.

No he encontrado en toda la Biblia, tanto en el Antiguo como en el Nuevo Testamento, una sola palabra que prohíba el matrimonio a sus ministros, sacerdotes o cualquier persona que se dedique a servir a Dios profesionalmente o de cualquier otra forma.

La dedicación al servicio de Dios no debe ser motivo para abstenerse del matrimonio. De ninguna manera, al contrario, Dios afirmó que la mujer sería un apoyo para el hombre: "Y dijo Jehová Dios: No es bueno que el hombre esté solo; le haré ayuda idónea para él" (Génesis 2: 18). Y qué mejor para un sacerdote, un obispo, un ministro o cualquier otra persona dedicada a servir a Dios, aceptar esa ayuda idónea que el Señor les ofrece y gozar del privilegio divino y la invaluable experiencia del matrimonio entre dos seres de sexos opuestos, tener un hogar e hijos. Pues es lo que Dios desea.

Para los sacerdotes católicos, a quienes les está vedado casarse, sería de mucho valor en su consejería matrimonial en las comunidades que dirigen porque, como en cualquier profesión, la experiencia tiene un valor incalculable. Podemos adquirir mucha teoría, pero si no tenemos la práctica nos falta la parte que es de mayor importancia en cualquier profesión, y ambas combinadas vuelven al profesional idóneo y competente.

Cuando a un sacerdote, obispo u otro dirigente católico le fuere solicitada una consejería matrimonial, podría dar una mejor solución, pues conocería por experiencia propia el asunto, porque ya habría vivido ese proceso y, además, tendría en muchos casos el apoyo de la esposa.

Pablo da unos consejos sobre el matrimonio y esto es lo que dice: "En cuanto a las cosas que me escribiste, bueno le sería al hombre no tocar mujer; pero a causa de las fornicaciones, cada uno tenga su propia mujer, y cada una tenga su propio marido. Quisiera más bien que todos los hombres fuesen como yo; pero cada uno tiene su propio don de Dios, uno a la verdad de un modo, y otro de otro. Digo, pues, a los solteros y las viudas que bueno les fuera quedarse como yo; pero si no tienen don de continencia, cásense, pues mejor es casarse que estar quemado." (1 Corintios 7: 1-2 y 7-9)

La prohibición del matrimonio resulta, entonces, antinatural, porque Dios hizo al ser humano para que sus órganos funcionaran tan maravillosamente a su debido tiempo, tanto para el amor como para la concepción de hijos. No puede ser posible que un ser humano, lleno de errores, rehaga lo que Dios hizo, contradiciendo las leyes naturales creadas por Dios. El organismo del ser humano no puede funcionar de acuerdo con un criterio impuesto por leyes humanas porque provoca un desequilibrio en donde Dios puso un perfecto funcionamiento.

La relación sexual entre un hombre y una mujer, dentro del matrimonio, es algo digno, sagrado y que fue aprobado por Dios. Y es un privilegio que él otorgó a todo ser humano sin excepción alguna.

Los sacerdotes son seres humanos, como cualquier otro, cuando se hallan física y emocionalmente sanos. Así deben ser considerados y no como seres ultraterrestres e invalidados para tener relaciones sexuales. Si son considerados como seres humanos normales, como todo el mundo cree, no hay motivo para que ellos sean discriminados de esa forma tan cruel por los dirigentes católicos. Ellos sienten esa necesidad de amar a una persona del sexo opuesto, de casarse y llegar a tener esa relación tan íntima, tan digna y tan sagrada, y tener una vida normal como cualquier otro ser humano. Sin embargo, por el don de servir a Dios se le ha negado el privilegio del matrimonio. Si Dios hubiera creído necesario que sus ministros debían de ser célibes, así lo hubiera declarado desde el comienzo y lo encontraríamos en la santa Biblia.

No podemos decir que porque Cristo permaneció casto, los sacerdotes deben hacer lo mismo. Es un argumento poco convincente porque Cristo era divino, el Hijo de Dios, y los sacerdotes son seres humanos ciento por ciento, que sienten y desean lo que todo hombre físicamente sano siente y desea.

El hecho de que la abstinencia va contra su naturaleza humana lo demuestran los triste y lamentables hecho realizados por servidores de la iglesia, quienes han satisfecho sus deseos carnales con niños y niñas inocentes, traicionando la confianza ingenua de los padres que han dejado a sus hijos al cuidado de aquéllos, sin pensar que detrás de esa imagen de santidad se fraguaban ideas perversas y criminales contra esos pequeños, los cuales Han sido perjudicados por el resto de su vida.

No habrá ninguna cantidad de dinero ni indemnización que les ayude a recuperar su inocencia perdida, evitar experimentar una juventud envuelta en traumas psicológicos ni los efectos secundarios que sufrirán en su vida adulta.

Los sacerdotes que cometen actos tan reprochables como éstos deberían ser considerados criminales, porque no lo han hecho contra personas adultas que se hubieran podido defender de este atropello, sino que se aprovechan de niños y niñas inocentes e indefensas para cometer sus fechorías. Sus superiores no deben ser cómplices y encubridores de actos tan viles y corruptos, sino permitir que todo el peso de la ley caiga sobre ellos sin ninguna consideración, ya que ellos no han tenido ninguna consideración con estas inocentes criaturas.

Debido al férreo celibato que la iglesia católica mantiene, algunos sacerdotes y monjas deben hacer un esfuerzo sobrehumano para poder mantener sus votos de castidad intactos. Para la mayoría de estas personas es una lucha constante contra la corriente, y muchos sacerdotes lamentablemente son vencidos por las tentaciones carnales, y buscan a los más inocentes y débiles para satisfacer sus deseos sexuales.

La Iglesia Católica, como organización, es la responsable directa de este grave y corrupto problema, y sus dirigentes tendrán que responder ante Dios por semejante atropello cometido por sus subalternos. Y ella lo ha reconocido y aceptado públicamente al pagar indemnizaciones multimillonarias a las personas afectadas por este crimen.

Pero no pensemos que este problema ha terminado. Sólo ha sido maquillado, porque mientras la iglesia Católica mantenga el celibato, el problema continuará vigente, hasta el día en que se den cuenta del grave daño que están haciendo a la humanidad. Una ley eclesiástica así, antihumana, irracional y esclavista no puede existir en un mundo habitado por seres humanos.

**¿Cuándo surgió la orden de celibato para los sacerdotes?** Ni el Antiguo Testamento ni Cristo ni los apóstoles mencionan el ejercicio del celibato para las personas que se dedicaban a servir a Dios. Alrededor del siglo cuarto, cuando la iglesia Católica ya estaba funcionando en forma organizada, se comenzó a hablar del celibato, y se acordó que los sacerdotes no tuvieran relaciones sexuales con sus esposas antes de la celebración de la Eucaristía ni antes de la ceremonia de promoción a obispo, tampoco después del nacimiento de uno de sus hijos. Este mandato continuó vigente hasta el año 1054, cuando el papa León IX delegó a uno de sus cardenales condenar a las iglesias del Medio Oriente por permitir el matrimonio a sus sacerdotes.

En año 1123, el papa Calixto II, en el primer congreso de Occidente, conocido como el Primer Concilio de Letrán, decretó eclesiásticamente el celibato para los sacerdotes, y miles de ellos debían romper sus matrimonios, de lo contrario la Iglesia Católica invalidaría esos matrimonios. 28

Aunque en años anteriores al régimen del papa Calixto II ya se había estado hablando del celibato, el matrimonio era totalmente normal tanto para los dirigentes de la iglesia como para los sacerdotes, lo cual debería ser lo normal en la actualidad. Pero como el Señor es un Dios de amor y de justicia, quiere lo mejor para todos sus hijos sin distinción de ninguna clase y por eso él mismo aprobó el matrimonio entre un hombre y una mujer. La imposición del celibato no es una ley u orden divina, sino de hombres.

El apóstol Pablo, inspirado por el Espíritu Santo, vio y escribió claramente lo que sucedería en un futuro con el matrimonio, lo cual es una realidad de lo que sucede a los sacerdotes dentro de la iglesia católica actualmente: "Empero el Espíritu Santo dice manifiestamente que en los venideros tiempos, algunos apostatarán de la fe, escuchando a espíritus engañadores, y a doctrinas de demonios. Por la hipocresía de mentirosos que, teniendo cauterizada la conciencia, prohibirán casarse, y mandarán abstenerse de alimentos que Dios creó para que con acción de gracias participen de ellos los creyentes y los que han conocido la verdad" (1Timoteo 4:1-5).

## Bibliografía:

La Santa Biblia, Antiguo y Nuevo Testamento, revisión de 1960, antigua versión de Cassidoro de Reina 1569

28) A . W. Richard Sipe, *Celibacy in crisis*, Editorial Brunner-Rutledge. New York, N.Y. 10001 USA. Edición 2003, capítulo 2, pág. 22.